図解

人を動かすリーダーに大切な40の習慣

佐々木常夫
Tsuneo Sasaki

PHP

はじめに

本書にはビジネスを進めていくうえで、重要な3つのキーワードが入っています。「チーム」「リーダー」「習慣」です。

まず「チーム」ですが、会社の仕事は自分ひとりでやる業務処理とチームでやる情報処理とがあります。仕事の内容にもよりますが、平均するとこの処理の比率は4：6ないし、3：7といわれています。

つまり単独でする仕事より、チームでする仕事のほうが多いのです。

チームで仕事をするとき大事なことは、着手する前に、その業務の意義、達成すべき完成度、スケジュール・分担などを十分詰めておくことです。

そのためにコミュニケーション能力が求められます。私は日本の企業の（特にホワイトカラーの）生産性が低い最大の理由のひとつが、コミュニケーション能力の低さにあると思っています。

次に「リーダー」ですが、リーダーとはそのチームをまとめあげて最大かつ最良の結果を出すように、チームの先頭に立ち、コーディネートする責任者です。

そのとき**リーダーにもっとも求められることは、その人のスキルではありません。「志《こころざし》」です。**「志」には2つあり、チームのため、部下のため、お客さまのためといった世のため、人のためという「志」と、与えられた仕事を通じて自分と部下を成長させようという「志」です。

その「志」さえ高ければ、スキルなどあとからついてくるものです。

どうしたらまわりの人が働きやすくなるのか、モチベーションを上げられるのか、仕事に結果が出るのか、そのことを一生懸命考え指導し、自分の全力を傾注するのがリーダーです。

チームのため、部下のために貢献することや自分と部下を成長させようとする行動はまわりの人から慕われ、尊敬され、その結果として自分が幸せになります。

最後の「習慣」ですが、**私は「良い習慣は才能を超える」と考えています**。その人が生まれもった能力より、後天的な努力のほうが成長につながります。その努力をするうえで大事なことが「良い習慣をもつこと」です。

良い習慣というのは、たとえば仕事を始める前に計画を立てること、仕事の重要度を確認すること、時間を守ることなどですが、こうした習慣をもっていれば人から信頼され、その結果、優れた成果を生み出すことになります。

この本は要するに「チームとして優れた成果を残すためのリーダーの良い習慣」を紹介したものです。習慣とは何も考えなくても自然にできる行動のことです。

できればこの本のなかで、自分が大切にしたいと考える習慣をいくつか選び、身につけてみてください。

みなさんの組織が、リーダーとしてのあなた自身の良い習慣でイキイキとし、強いチームになることを願っています。

平成25年6月

佐々木常夫

〔図解〕

人を動かすリーダーに大切な40の習慣

目次

はじめに

第1章 「これからのリーダー」に知っておいてほしい10のこと

01 信頼を得られるリーダー、得られないリーダー …… 08
02 困難な仕事に立ち向かい、乗り越えることで人は成長し、部下から感謝される …… 10
03 働き者な部下ではなく、できの悪い部下に手間をかけよ …… 12
04 部下を変えようと思うな。リーダーが変われ …… 14
05 ブレないリーダーになるためのちょっとした習慣 …… 16
06 プレーイング・マネジャーは百害あって一利なし …… 18
07 あなたは部下に正しい仕事のやり方を教えているか? …… 20
08 リーダーは、決断力よりも現実を正しくつかむ力を磨け …… 22
09 部下の自己実現を心から願い全力でサポートせよ …… 24
10 理論を鵜呑みにしない。自分の頭で考える …… 26
第1章 まとめ …… 28

第2章 チーム全員が定時に帰れて結果も出る仕事術

01 仕事に対する考え方を反復連打で部下に徹底する …… 30
02 リーダーは在任期間に達成すべき目標を定めよ …… 32
03 常識的なことをきっちり守る習慣を身につけさせよ …… 34
04 新しいチームに異動になったら部下全員と面談せよ …… 36
05 家庭の事情は積極的に会社にもち込め …… 38
06 リーダーが「残業は悪である」と肝に銘じよ …… 40
07 チームの仕事のムダが大幅に減る、とっておきの方法 …… 42
08 部下に「手を抜くべきところは手を抜いていい」と伝える …… 44
09 チーム全員が1年を見通した仕事のスケジュールを立てる …… 46
第2章 まとめ …… 48

第3章
チーム力が格段にアップするコミュニケーション術

01 リーダーはいつも暇そうにしていなくてはいけない …… 50
02 褒める、叱るは自己流でかまわない。大切なのは部下の性格を把握しておくこと …… 52
03 叱ったあとにフォローが必要な部下、必要のない部下 …… 54
04 成果をあげた部下のモチベーションをさらにアップさせる方法 …… 56
05 若い部下には野心をもたせる …… 58
06 人事評価は少し甘めがちょうどいい …… 60
07 嫌いな部下、合わない部下からも信頼される評価のつけ方 …… 62

08 部下からの反論や違和感を歓迎する器量をもて …… 64
09 異端児の、行きすぎた行動・振る舞いにはこう対処せよ …… 66
10 部下のうつ病対策は日頃の信頼関係がカギ …… 68
11 「35歳成長限界説」は間違い。人は何歳からでも変われる …… 70
12 「部下の人生を背負っている」という強い自覚をもて …… 72
13 新入社員の教育はリーダーの責任 …… 74
第3章 まとめ …… 76

第4章 「これからのリーダー」が身につけておくべき習慣

01 井の中の蛙《かわず》になるな。社外の人と積極的につきあえ …… 78
02 先を見据えた行動がすべてを制す …… 80
03 デッドラインは実際の締め切りより早めに設定しておく …… 82
04 60点でOKの仕事に、90点をとるような働き方をしていないか …… 84
05 いらない会議は即刻廃止せよ …… 86
06 2段上の上司に力を貸してもらえる話し方・報告の仕方 …… 88
07 上司の悪口は表でも裏でも言う。部下からの悪口は聞き流す …… 90
08 良い習慣は才能を超える。リーダー力は努力次第で必ず身につく …… 92
第4章 まとめ …… 94

第1章

「これからのリーダー」に知っておいてほしい10のこと

01

信頼を得られるリーダー、得られないリーダー

倒産の危機にあった会社がなぜ蘇ることができたのか

1977年12月のことだ。石川県金沢市に本店がある大手繊維メーカーの一村産業が倒産の危機に陥《おちい》った。この危機に瀕《ひん》した会社を立て直すべく、翌年1月、取引関係のあった東レから12人が一村産業に送り込まれた。そのなかのひとりに私がいた。

私はそれ以降、この会社に3年半勤めたのだが、このときの経験は私にとって財産となった。それは「経営の力と社員の熱意があれば、どんな会社でも再生できる」ことを学んだからだ。会社を再生させるときに必要となる「経営の力」と「社員の熱意」のうち、「経営の力」についてはリーダーの力量が問われることはいうまでもない。ただ私は「社員の熱意」についても、リーダー次第だと考えている。

当時、一村産業に派遣された12人は、東レのなかでは精鋭中の精鋭だった。実際このうちの6人は、その後東レの役員になっている。ただしリーダーが頭脳明晰であれば、部下はついてくるかというと、そんなことはない。精鋭12人のうち、部下から信頼を得ていたのは、おそらく半分ぐらいだったと思う。残り半分については、部下は面従腹背《めんじゅうふくはい》だった。そして**一村産業の再建は、部下から信頼を得ることができた半分の人間のリーダーシップによって成し遂げられた**。

会社や部下の幸せを本気で考えているか

では信頼を得られるリーダーと、得られないリーダーの違いは何か。簡単なことである。「会社や部下の幸せを本気で考えているかどうか」が分かれ目となる。信頼を得られなかった半分の人間は、一村産業よりも東レのほうに意識が向いていた。ここを踏み台にして自分が出世することをいちばんに考えていた。信頼を得られた人間はその逆だった。

私はといえば、一村産業の社員の不安や不満をきちんと聞いてやらねばと思い、昼食を共にするのはもちろん、夜も彼らと何度も酒を酌み交わした。彼らは経営難で給料もカットされているので、飲み代は私が自腹で払った。上司のなかには部下との飲み代の請求書を会社の経理課に出している人もいたが、会社が危機的な状況にあると思うと、私にはそういうことはできなかった。

するとそのことを知った何人もの社員が、私に**「佐々木さんは真剣に会社のことと、自分たちのことを考えてくれている。私はあなたについていきます」と言ってくれた**。私が東レに戻るときには、管理職全員で送別会を開いてくれて、最後には胴上げまでしてくれた。

東レから来て、戻るときにここまでのことをしてもらった人はいないと、同じく東レから一緒に来ていた専務も驚いていた。

部下はリーダーの姿をよく観察している。部下の熱意を引き出せるかどうかは、リーダーの姿勢次第である。

信頼を得られるリーダーと得られないリーダー その違いはココだ！

信頼を得られるリーダーの条件

①会社の幸せをいちばんに考えているか
②部下の幸せをいちばんに考えているか

自分の出世だけを考えたりしない

部下とのコミュニケーションを深める

信頼されるリーダーへの第一歩

会社と部下の幸せを本気で考える

02

困難な仕事に立ち向かい、乗り越えることで人は成長し、部下から感謝される

リーダー必須の条件は「高い志」

私はリーダーが備えておかなくてはいけない必須の条件として、高い志をもっていることがあると考えている。高い志というのは、「お客さまのために、部下のために、社会のために働く」という意識をもつことだ。リーダーは他者や社会に貢献できてこそ、価値ある存在になることができる。

よく「リーダーは人間力、洞察力、決断力が必要だ」といわれるが、人間力や洞察力はなかなか磨こうと思って磨けるものではない。これらの力は**「お客さまのために、部下のために、社会のために自分は何ができるか」という思いを常にもって仕事に取り組んでいくうちに、結果として身についてくるものだと思う。**

ただし高い志をもつというのは、他者や社会のために、自分を犠牲にするということではない。自分が幸せになることと、他者を幸せにすることは対立する概念ではない。

以前、私はマハトマ・ガンディーを主人公とした映画を観たときに、「ガンディーはインドでいちばん幸せな人だな」という感想を抱いたことがある。ガンディーはインドを独立に導くことに自らの人生を捧げたが、それゆえにあらゆるインド人から尊敬と思慕の対象になった。ガンディーが人々の前に姿を現すと、誰もが彼に駆け寄り、声をかけ、手を握ろうとした。ガンディーの心のなかは、きっと充足感で満たされていたことだろう。

リーダーになるのを嫌がる人は幸せを自ら放棄している

それと同じように、どうすれば部下がもっと楽しくイキイキと働くことができるようになるかを一生懸命考え、適材適所の仕事を与えたり、明るく活気のある職場作りができるリーダーは、部下から尊敬され慕われる。それはリーダーにとって大きな喜びになる。つまり**「世のため、人のため」は「自分のため」でもある**のだ。

若手や中堅のビジネスパーソンのなかには、「中間管理職になっても、給料はあまり上がらないのに責任だけが重くなる。あんなのは損だから自分はやりたくない」と言う人がいるという。けれどもそういう考えは、自分の幸せを自ら放棄するようなものだと思う。

確かに平社員と比べれば、リーダーの仕事は責任が重くなる。関わる人間の数が増えるぶんだけ、考えなければいけないことも増えていく。

しかし困難な仕事に向き合いながら、それを乗り越えていくことで、人は成長していく。そしてもっと困難な仕事に取り組むことができるようになる。困難な仕事ができるようになればなるほど、幸せにできる人の数も増えていき、感謝をされる機会や量も増していく。

そういう意味では、リーダーほど大きな幸せを感じられる仕事はないと思う。

なぜリーダーは仕事で大きな喜びを感じられるのか

リーダー必須の条件

高い志

- 「お客さま、部下、社会のために働く」意識
- 困難な仕事と向き合うことで喜びを感じる

部下にイキイキと働いてもらう

明るい職場作り

「世のため、人のため」=「リーダーの喜び」

困難な仕事をクリア ➡ 幸せにできる人数増 ➡ 感謝の量増 = リーダーの幸せ

03

働き者な部下ではなく、できの悪い部下に手間をかけよ

どんなにできの悪い部下にも優れた部分は必ずある

リーダーとは、チームをまとめあげながら、常に結果を出し続けられる人のことである。

チームのなかにはいろいろな社員がいる。空気が読めない人もいれば、細かい作業が苦手な人もいるし、頭はいいんだけれども精神的に打たれ弱い人もいる。

多くの上司は、そうした部下の短所ばかりに目がいき、「自分の部下がもう少し優秀だったらなあ」と嘆く。けれどもこれは大いなる勘違いである。

どんなに優秀な部下でも、すべてが完璧というわけではなく、必ず弱点がある。逆にどんなにできの悪い部下だとしても、優れた部分がどこかひとつぐらいは必ずあるものだ。

ちょっと話がそれるが、私は30歳を過ぎた頃から、社内の人はみんな「さん」付けで呼ぶようにしてきた。これも、若い人でも私よりも優れたところがあるし、年上の人でも、私のほうが優れたところがあると考えていたからだ。逆に、自分が社長になったときも、社長とは絶対に呼ばせなかった。

話を戻すと、リーダーの仕事は、できの悪い部下に落伍者の烙印《らくいん》を押すことではなく、その部下の長所を見つけ出し、長所を活かせる仕事を与えることである。**部下が結果を残せないのは、能力がないからではなく、リーダーが彼らの潜在能力を引き出せる仕事を与えていないから**だと考えたほうがいい。部下が結果を残せない原因はリーダーの側にある。

人は一度成長を始めると、一気に伸びるものだ。「今、自分は成長している」という実感を得られるときほど、仕事にやりがいを感じられるので、高いモチベーションをもって仕事に取り組めるから、成長スピードも速くなるわけだ。だからリーダーの仕事は、部下をうまく成長軌道に乗せさせてあげることにあるといえる。

働き者の部下よりも落ちこぼれの部下に手間をかける

組織には2：6：2の法則があるといわれている。

これは人が集団を形成すると、不思議なことに、必ず2割の働き者と6割の中間層と2割の落ちこぼれに分かれるというものだ。

多くのリーダーは、2割の働き者の部下をフルに使って成果を出そうとする。だがこれではチーム全体の底上げにはつながらないため、大きな成果は期待できない。

むしろ重要なのは、**中間層の6割や落ちこぼれの2割をいかに戦力化していくかということだ**。多少の手間はかかっても、彼らの潜在能力を活かせるようになったら、チームはとてつもない力をもつことになる。

そうした状態を実現できるリーダーこそが、チームとしての結果を残せるリーダーであるといえる。

落ちこぼれの部下に落伍者の烙印を押してはいけない

働き者な部下 2割
中間層の部下 6割
落ちこぼれの部下 2割
中間層の部下やできの悪い部下の潜在能力を引き出す
働き者な部下に
LEVEL UP!!
中間層の部下に
LEVEL UP!!

中間層や落ちこぼれを戦力化＝とてつもないチームに

04

部下を変えようと思うな。リーダーが変われ

全社員の7割が知的障がい者ながら利益を生み出す会社

チョークの製造を行っているメーカーで、知的障がい者雇用の割合が7割を超えている日本理化学工業という会社がある。知的障がい者の雇用を決断したのは、当時社長だった大山泰弘（現・会長）さんだった。

知的障がい者のなかには、数字を理解することができない人がいる。彼らはチョークの材料をハカリで測量することはできないが、色の識別ならできる。

そこで大山さんはオモリに色を塗ることで、彼らでも簡単に測量ができるようにした。こうした工夫を重ねることで、大山さんは全社員の7割に知的障がい者を雇用しながら、きちんと利益を生み出せる会社にしていった。

知的障がい者のなかには、あるひとつの役割を与えると、時間を忘れてその作業に没頭することができるなど、健常者にはない優れた長所をもっている人が少なくない。

彼らの長所をうまく活かすことができれば、障がい者は大きな戦力となり得るということを実践しているのだ。

相手を変えない、自分を変える

厳しい言い方に聞こえるかもしれないが、もし「部下が使えない」「やる気が感じられない」とこぼしているリーダーがいたとしたら、その人はリーダー失格であると、申し上げたい。

前項で「落ちこぼれの部下にこそ手をかけよう」と話したが、大山さんのエピソードと比べれば、部下の力を引き出すことは、多くのリーダーにとって、簡単なことではないだろうか。

こう言うと、「では、佐々木さんはどのように部下指導をしていたのですか？」「コツは何ですか？」と聞かれそうだが、そうした質問に対する私の答えは、いつも決まっている。

「ありません」だ。

怒るべき人にはなるべく怒るし、優しくする人には優しくする。時間がかかる人には時間をかけるし、手間がかからない人には、手間をかけない。

強いて言うならば、**「相手に合わせてあげる」ということだろうか。**一人ひとりに違うやり方をして、「相手を変えようとは思わない」「自分が変わる」。これが私のスタンスだ。

実は落ちこぼれの部下の長所を見つけ、育てようとするリーダーのいる職場は、メンバー全体のモチベーションもおしなべて高い。

「自分たちのリーダーは、私たちを育てようとしてくれている。そして何があっても私たちを見捨てない」

このような信頼関係が築かれるからだ。

リーダーがすべての部下の可能性を信じることで、チームは強くなれるのだ。

「部下が使えない」とこぼすリーダーはリーダー失格

リーダーはすべての部下の可能性を信じよ

05

ブレないリーダーになるための ちょっとした習慣

仕事に対する自分の信念を文書化しよう

私は課長時代、新しい部署に異動するたびに、必ず部下に「仕事の進め方10か条」というものを提示していた。くわしくは左ページを参照してほしいが、たとえば「10か条」の②は「効率主義：目的を十分に踏まえ、どのやり方が有効か、できるだけ最短コースを選ぶこと。通常の仕事は拙速を尊ぶ」と書かれているように、仕事に臨むうえでの姿勢を示したものである。

「私はこの『10か条』に沿って仕事を進めるし、みなさんも『10か条』に沿って仕事に取り組んでほしい。また取り組む者を私は評価する」

というメッセージが、「10か条」には込められている。

ちなみに私はこの「10か条」を課長になってから考えたのではなく、係長時代から構想していた。係長のときに直属の上司の仕事ぶりを見ながら、「自分だったらこうする」と考えながら練り上げていったのである。成り行きで仕事を進めていた前任課長を否定する意図もあった。だから着任と同時に、部下に示すことができたわけだ。

もし読者のみなさんが今係長であるならば、**「課長になったときに自分だったらどうするか」、課長であるならば、「部長や役員、社長になったときに自分だったらどうするか」を考えながら仕事に取り組んでほしい**。自分の今の役職よりも上の立場に立って考えることが、将来リーダーになったときのための準備となる。

ただし考えるだけではまだ不十分で、「10か条」のように、仕事に対する自分の信念をきちんと文書化することが大切だと思う。文書化することによって自分の考えを整理することができるし、部下にも明確に伝えることができる。

もちろん文書で示すだけではなく、口頭でも自分の考えを何度も繰り返し伝えないと、チームに浸透はしないのだが……。

毎年年頭所感を書いているとブレない自分ができてくる

また私は40代の半ばから、毎年お正月休みに年頭所感を書いている。

自分はこの1年、どんな仕事にどのような姿勢で臨むのかをA4サイズ1枚の文章にまとめるのだ。そして正月明けの仕事初めに、チームのメンバーにメッセージとして発信している。

この年頭所感を毎年続けていると、**3年前に自分が何を考えていたか、5年前にはどんな決意をしたか、自分の思考の軌跡がよくわかる**。だからメンバーに対して、常にブレないメッセージを発信することができる。

優れたリーダーは自分の思いを言葉にして、メンバーに伝えることに長《た》けているものだ。

今からでも、思いを文書化する習慣を身につけてほしい。

優れたリーダーは自分の思いを言葉にして伝えるのがうまい

佐々木流「仕事の進め方10か条」

①計画主義と重点主義
まず、仕事の目標設定→計画策定をし、かつ重要度を評価すること。自分の在籍期間、今年・今月・今週・今日は何をどうやるか計画すること。すぐ走り出してはいけない。優先順位をつける。

②効率主義
目的を十分に踏まえ、どのやり方が有効か、できるだけ最短コースを選ぶこと。通常の仕事は拙速を尊ぶ。

③フォローアップの徹底
自ら設定した計画のフォローアップをすることによって、自らの業務遂行の冷静な評価を行うと共に次のレベルアップにつなげる。

④結果主義
仕事はそのプロセスでの努力も理解するが、その結果で評価される。

⑤シンプル主義
事務処理、管理、制度、資料はシンプルをもって秀とする。優れた仕事、優れた会社ほどシンプルである。複雑さは仕事を私物化させやすく、後任者あるいは他者への伝達を困難にさせる。

⑥整理整頓主義
情報収集、仕事のやりやすさ、迅速性のため整理整頓が要求される。資料を捜すロスのほかに、見つからずに結局イチから仕事をスタートするという愚を犯す。

⑦常に上位者の視点と視野
自分が課長ならどうするか、部長ならどうするか、という発想での仕事の進め方は仕事の幅と内容を豊かにし、自分及び組織の成長につながる。

⑧自己主張の明確化
自分の考え方、主張は明確にもつと共に、他人の意見をよく聴くこと。自分の主張を変える勇気、謙虚さをもつこと。

⑨自己研鑽
専門知識の習得、他部署、社外へも足を運ぶこと。管理スタッフならば、管理会計程度は自分で勉強し、身につけておくこと。別の会社に移っても通用する技術を習得すること。

⑩自己中心主義
自分を大切にすること→人を大切にすること。楽しく仕事をすること。健康に気をつけること。年休をとること。

自分の思いや信念を文書化する習慣を身につける

06

プレーイング・マネジャーは百害あって一利なし

ビジネスマンは40代がいちばん伸びる

自分のビジネスマン人生を振り返ったときに、私がもっとも成長したのは40代のときだったと思う。確かに若いときは体力もあるし、覚えも速いので、一般的には40代よりも20代や30代のほうが成長スピードが速いと考えられがちだ。けれども若いときには知識や経験がないので、後から考えれば余計なこともいろいろとしてしまったように思う。

一方、40代にもなれば、知恵や経験が蓄積され、物事のプライオリティーを見極めるのがうまくなるので、回り道が減っていく。そしてもうひとつ大きいのは、会社員の場合は40代にもなると、だいたいは部下ができるということだ。それまでは自分ひとりで取り組まなくてはいけなかったことを部下に振ることができるので、短い時間で達成できる物事が増えていく。すると余裕ができた時間を使って、より重要な仕事に取り組めるようになる。

私は「20代のときはがむしゃらに働け。でも40代になったら、しなやかに生きろ」といつも言っている。リーダーの仕事は手足を動かすことではなく、マネジメントやプロジェクトのあり方について日々頭を使うことだ。だから**考えることに多くの時間を費やすべきだ**。また残業時間を減らして、読書をしたり、社外の人に会ったりといったように、自己啓発を心がけることも大事。そうしたことがリーダーとして1段高い視点や広い視野で物事を見ていくうえで、とても重要になる。

あなたが長時間労働から抜け出せない理由

だからリーダーとして絶対にやってはいけないのが、プレーイング・マネジャーになることだ。プレーイング・マネジャーとは、部下にやらせるべき仕事を自分がやってしまう人のことである。

これを続けている限り、長時間労働から抜け出せず、リーダーとして求められる高い視点や広い視野を獲得することはできない。つまり自分を成長させることができなくなる。それに40代にもなって長時間労働を続けていたら、いずれ健康を損なうことになる。私はビジネスパーソンの本当の勝負は50代にやってくると考えているが、**40代は勝負のときを前にした大切な準備期間であることを忘れないでほしい**。

プレーイング・マネジャーをやってしまう人の心理に、「できの悪い部下に仕事を任せるよりも、自分がやったほうが速くて正確だ」というのがある。確かに短期的な視野で見れば速くて正確なほうが良いが、これでは部下はいつまで経っても成長できない。部下を育て、チーム力を底上げするのがリーダーの役割なのに、その役割を放棄している。

プレーイング・マネジャーになることは、自分の成長を阻害し、部下の成長を阻害する。百害あって一利なしである。

リーダーは考えることに多くの時間を費やすべし

ビジネスマンは40代がもっとも成長する

優先度の低い仕事を部下に振る

↓

自分の残業時間を減らす

↓

リーダーとしてのスキルを養う時間を作る

読　書

社外の人脈を広げる

自己啓発セミナーに参加

プレーイング・マネジャーになってはいけない！

長時間労働から抜け出せない → 健康を損なう恐れがある → 高い視点や広い視野を獲得できない → 自分を成長させることができない

チーム力UPがリーダーの仕事
その役割を放棄しない

07

あなたは部下に正しい仕事のやり方を教えているか？

部下が仕事ができないのは正しい仕事のやり方を知らないから

多くの上司は部下に対して、やって見せたり、言って聞かせたりということをせずに、ただ「この仕事を来週の月曜までに仕上げろ」というふうに命じるだけである。けれども部下は仕事のやり方がわからなければ、ムダな回り道をたくさんするので時間がかかるし、完成度も低くなる。

自転車の乗り方やスキーの滑り方に一定の「型」があるように、**仕事のやり方にも「型」がある**。だから、最初のうちは部下に「型」を身につけさせるために、多少手間がかかったとしても、どのように進めるべきなのかを細かく教えることが大切になる。

仕事ができる人とできない人の違い

たとえば経営会議や常務会で用いる資料をチームで作成する機会があったとする。

経営会議の資料を作るとき、私は必ず5ページにまとめるようにしていた。1ページ目はタイトル、2ページ目はグラフと表、3ページ目は研究部門および生産部門の現状と課題、4ページ目は営業戦略といったように、まず最初に資料のフォーマットを決める。

次にフォーマットを埋めるためのデータや情報を集めていく。こうすれば資料の作成に必要なデータや情報をヌケやモレなく、しかもムダな回り道をせずに効率的に集めることができる。

そして最後は5ページの資料をA3サイズの紙1枚に収まるように縮小コピーして経営会議に提出する。経営会議に出席するような人はみな忙しいので、資料は一目で見られるものにしたほうが喜ばれるからだ。

こうした私の資料作成のやり方を、私は必ず部下に1回は丁寧に教えるようにしていた。

そのうえで「研究関連はAさん、営業関連はBさん」というようにそれぞれ担当を決めて情報収集や資料作成に当たらせた。そして彼らが実際に仕事に取り組む様子を見ながら、さらに細かくアドバイスをしていく。

こうして部下はリーダーから仕事のやり方を具体的かつ細かく教えられたことによって、仕事の「型」を身につけ、仕事のスピードも完成度も目に見えて向上する。

私は人間の能力には、そんなに大きな差はないと思っている。では何が仕事ができる人とできない人を分けるのかといえば、**正しい仕事のやり方を身につけているかどうかである**。

実際、私が繊維企画管理部で仕事をしていたときに直接仕事を教えた部下が、その後、三代続けて繊維企画部の部長になった。人間は能力ではなく、よい習慣をもつことで伸びていく、ということのよい例といえるだろう。

このように正しい仕事のやり方を部下に教えるのも、リーダーの役割である。

部下に大ざっぱすぎる指示を出していないか

スポーツだけでなく仕事にも「型」がある

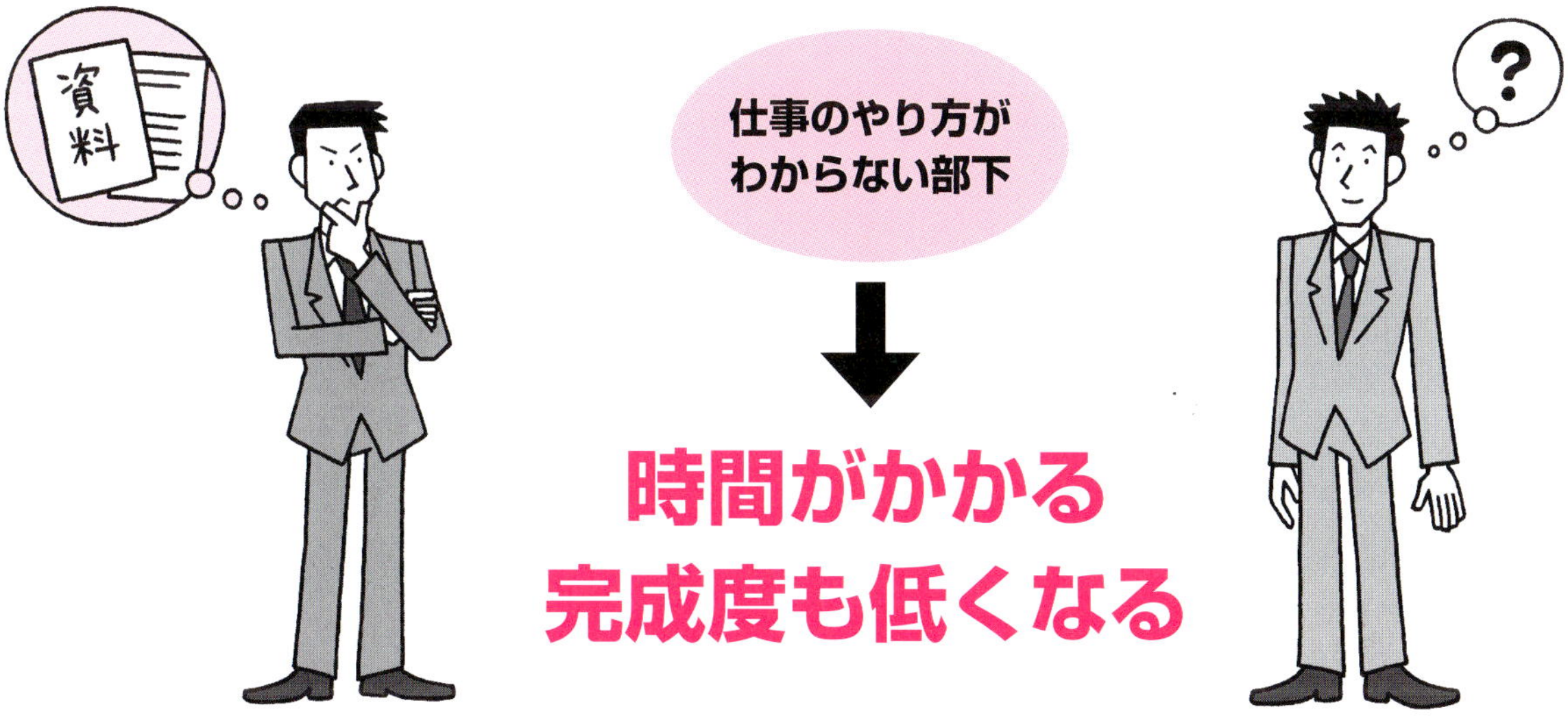

仕事のやり方が
わからない部下

↓

時間がかかる
完成度も低くなる

リーダーは部下に、やり方を必ず１回は具体的かつ細かく教える

↓

仕事の「型」を細かく
具体的に教える

「型」さえ身につければ
部下の仕事のスピードと完成度は飛躍的にＵＰ！

08

リーダーは、決断力よりも現実を正しくつかむ力を磨け

現実把握力を磨けば 赤字を黒字にするのもお茶の子さいさい

「リーダーは決断力が大切だ」という人がいる。私は決断力よりも、現実把握力を磨くほうが重要だと思っている。

私はこれまで赤字の事業を黒字に転換するという仕事を数多く任されてきた。慣れないうちは「これは大変な重責を背負うことになった」と気が重くなったが、経験を重ねるうちに「赤字を黒字にすることぐらい簡単なことはない」と考えられるようになった。

ある事業が赤字になるのには、必ず原因がある。その原因を正しくつかめば、対応策はいくらでも浮かんでくるものだ。つまり**現実を把握できれば、正しい決断も自《おの》ずとできるようになる。**

逆に現実を把握していない人が決断力を発揮してしまったら、大きな間違いを犯すことになる。ジョージ・W・ブッシュ元米大統領は、イラクが大量破壊兵器を保有しているというＣＩＡの情報を鵜呑《うの》みにしてイラク戦争を始めたが、戦争後に捜索をしたところ、大量破壊兵器は存在しないことがわかった。ブッシュ元大統領は間違った現実把握に基づいて、リーダーとして間違った決断をしたことになる。だから決断力よりも、現実把握力のほうが大切なのである。

私も原因でないものを 原因と思い込んで失敗した

先に「原因を正しくつかめば、対応策はいくらでも浮かんでくる」と述べたが、もちろん現実を正しくつかむのは簡単なことではない。ひとつの事業は、商品開発、生産、流通、営業、販売チャネル、価格、顧客など、さまざまな要素が重なり合って、黒字になったり赤字になったりする。だから事業を立て直すときには、赤字という事象を細かい要素に分解して分析したうえで、それぞれの要素がどのように絡み合って赤字を引き起こしているかを把握できないといけない。

しかし私もリーダーになったばかりの頃には、本当は原因ではないものを原因であると思い込んで失敗するという経験を何度か重ねてきた。だが**トライ&エラーを繰り返すうちに、原因と原因ではないものを見分ける力が次第についていき、現実把握力が養われていった。**

現実把握力は一朝一夕に身につくものではない。稲盛和夫さんはＪＡＬの会長に就任以来わずか数年で会社を立て直したが、それができたのは稲盛さんが京セラで長い歳月をかけて現実把握力を磨き続けた結果である。

今、課長ぐらいのポストにいる人は、リーダーとして現実把握力を磨くのにいちばん適した時期だと思う。そういう意味でもプレーイング・マネジャーをやっている場合ではない。現実を把握するという難度の高い仕事に、自分の時間とエネルギーを注ぐべきである。

現実を把握できれば、自ずと正しい決断ができる

リーダーに必要なスキル

現実把握力 ＞ 決断力

現実を把握していない人が決断力を発揮すると大変なことになる

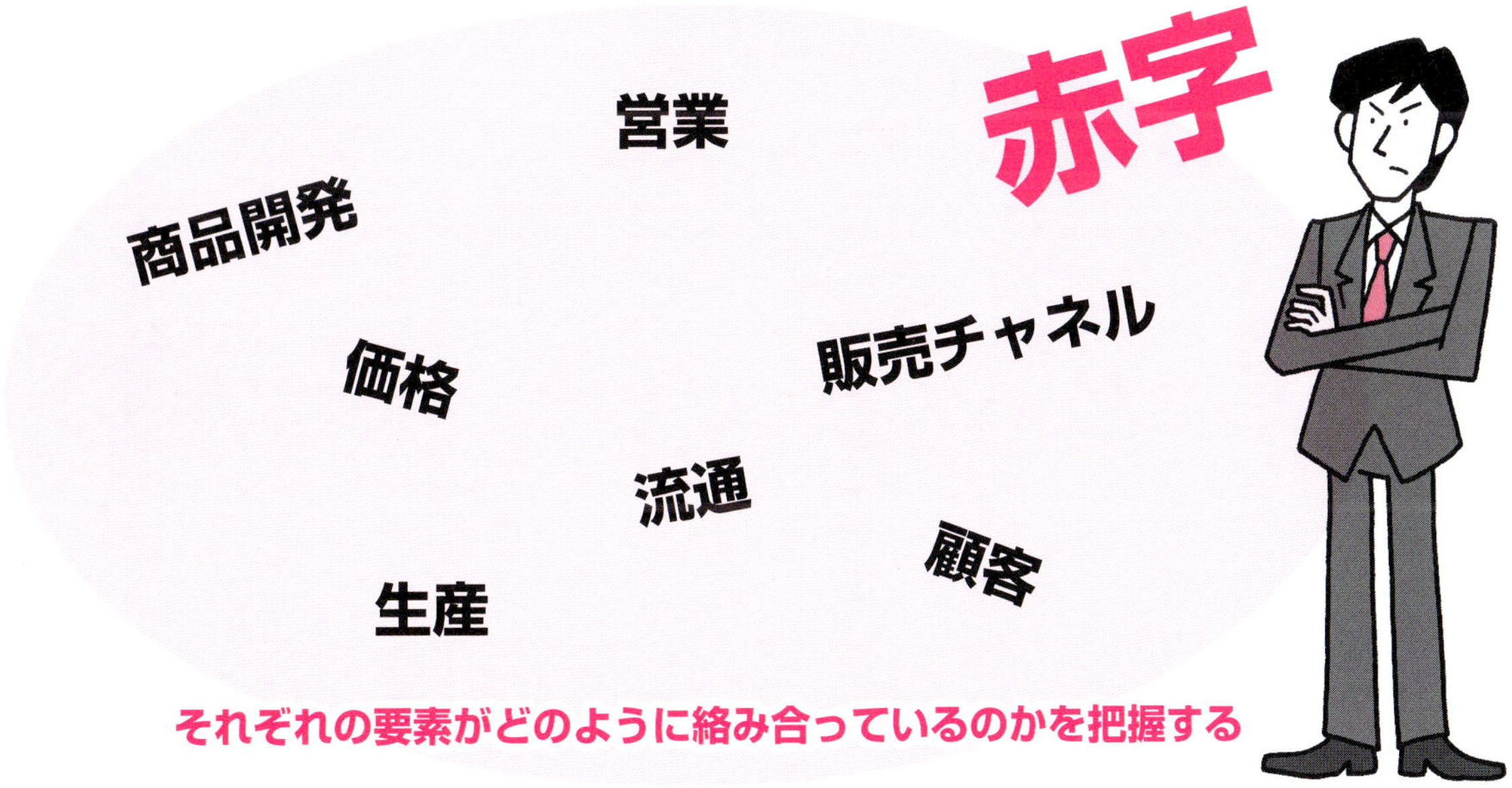

**トライ＆エラーで
原因を見分ける力を
身につける**

**現実を把握する ＝ 難度の高い仕事
に時間とエネルギーを注ぐ**

09

部下の自己実現を心から願い全力でサポートせよ

リーダーのなかでもっとも難しいのが課長職

会社のなかには、社長、役員、部長、課長とさまざまな職位があって、それぞれリーダーシップを発揮することが求められている。私はこのなかで、もっとも難しい職位が課長ではないかと思っている。

部長であれば、相手にする部下（課長）は通常4、5人と少人数である。しかも一般社員のなかから優秀であると認められた人が課長になるわけだから、部長が課長を相手に指導をするのはそれほど難しいことではない。

しかし課長の場合は、相手にする部下の数も多く、能力も経験も学歴も仕事に対する意欲も多様である。手取り足取り指導する必要がある部下もいれば、ある程度仕事を任せて伸び伸びとやらせたほうが本領を発揮する部下もいる。一人ひとりの部下の性格や能力をしっかりと見極め、その人に合った接し方、指導をしなくてはいけない。

しかも部下の多くは、自分よりも年齢が若い。まだビジネス人生の第一歩を歩み始めたばかりという人も少なくない。つまり**自分の指導や仕事に対する姿勢が、ひとりの若者のその後の人生に大きな影響を与える可能性がある**わけだ。だから課長職は、生半可な気持ちでできる仕事ではないのである。

部下の自己実現を心から願い全力でサポートする

だが課長職は、大変な職務であるぶん、部下が成長したときには大きな喜びになる。ひとりの部下が自分と一緒に働いたことをきっかけに、厳しい社会を生き抜く力を身につける。そういう姿を見られたときほど、リーダーとしての仕事にやりがいを感じられることはない。だから私は一方で、課長職ほど楽しい仕事はないとも思っている。何しろ部下の成長に直接コミットできるわけだから……。

私は課長時代、部下に対して「この仕事を通じて、こういうことを成し遂げたい」という志をもつことを奨励してきた。そしてその志を実現できるように、できる限りサポートをしてきた。すると部下も仕事のなかにやりがいを見出し、熱い情熱をもって仕事に取り組むようになる。逆に上司によっては、自分の成功のために部下をコマのように使う人もいるが、これでは部下から熱い情熱を引き出すことができない。

リーダーが部下の自己実現を心から願って深くコミットすれば、リーダーと部下との間に絆が生まれる。その絆は、互いに異動になってその部署を離れても解かれることはなく、しばしば一生の付き合いに発展する。私にも課長時代に一緒に働いた部下のなかで、今でも定期的に会って、おいしいご飯を食べたり、お酒を飲む仲間が何人かいる。

部下とそういう関係を築くことができたリーダーは、幸せである。

課長職は生半可な気持ちでできる仕事ではない

リーダーとしてもっとも難しいのは **課長**

なぜなら

部下たちの人生に大きな影響を与えるから

部下に合わせた指導が必要

見守る

フォローする

アドバイスする

部下の成長が リーダーの 最大の喜び

部下の自己実現を願って課長が深くコミットすれば、部下との間に絆が生まれる

10

理論を鵜呑みにしない。自分の頭で考える

学んだ経営理論どおりに仕事を進めようとしたが……

経営のリーダーになることを目指して、経営書を熱心に読んだり、ビジネススクールに通っている人がいる。

リーダーが経営の理論を学ぶことは、とても大切なことだ。しかし注意しなければいけないことがある。**理論に沿って物事を進めようとしても、実際の経営は理論どおりにやっても、うまくはいかないということである。**

私にも苦い記憶がある。課長になったばかりの頃、ボストン・コンサルティング・グループが開発した「ポートフォリオ戦略」という経営の理論がブームになっていた。これは「市場成長性」と「市場における自社事業の占有率」を縦軸と横軸にとって四象限《しょうげん》のマトリクスを作り、自社の事業がどの象限に位置しているかを分析するというものだ。たとえば、自分たちの事業を今後どうしていくべきかについて、「市場の成長性も低く、自社占有率も低いこの事業はすぐに撤退するべき」とか、「自社占有率は高いものの市場の成長性は低いこの事業は、これ以上の成長は見込めないので投資を抑えるべき」といったように判断をしていくというものだった。

私はポートフォリオ戦略に関する本を読み、この理論に夢中になった。そしてポートフォリオ戦略をそのまま使って、自分の担当する事業の設備投資や人材配分についての事業戦略提案書を作成してしまったのである。

理論どおりにいくほどビジネスは単純ではない

だがしばらくして「本当にバカなことをしてしまった」と後悔した。ビジネスは市場成長性と市場占有率だけで決まるほど単純なものではない。それぞれの市場の状況、経営者や担当スタッフの士気、競争相手の強弱、自社の技術レベルなど、さまざまな要因が絡まり合って、事業が成功するかどうかが決まっていく。理論で割り切れるようなものではないのだ。

その典型例が、東レでいえば炭素繊維事業である。炭素繊維事業は長い間市場の成長性も不明だったし、赤字が続いていた。ポートフォリオ戦略の理論に沿って考えれば、すぐに撤退すべき事業であった。

しかしその事業が、今では東レの中核事業となっている。もしこの事業を切り捨てていたら、東レは会社の成長の礎《いしずえ》を失うことになっていた。

繰り返していうが、経営の理論を勉強することは大切なことだ。勘と度胸だけで乗りきれるほどビジネスの世界は甘くない。

ただし理論を勉強するだけでは足りないことがある。それは**自分の頭で現実を把握し、自分の頭で考えて判断を下していくということである。**こればかりはいくら勉強をしても身につかない。自分の頭で考える力は、現実に全力でぶつかることによってしか鍛えられない。

理論どおりにいくほどビジネスは単純ではない

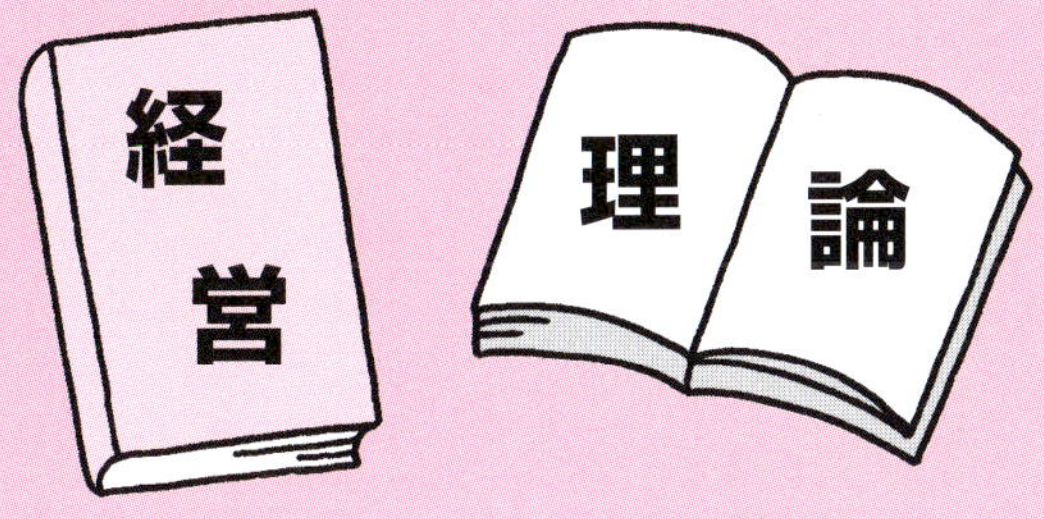

経営の理論を学ぶことは
とても大切なこと

しかし

市場の状況

競争相手の強弱

経営者や担当者の士気

自社の技術レベル

事業の成否は、さまざまな要因が絡まり合って決まる

自分で判断する力も身につけること！

自分の頭で現実を把握し、自分で考えて判断する

人を動かすリーダーシップの心得

「これからのリーダー」に知ってほしい10のこと

- 信頼を得られるリーダーと得られないリーダーの違いは「会社や部下の幸せを本気で考えているかどうか」だ
- 困難な仕事を乗り越えることで人は成長し、部下から感謝される
- 6割の中間層と2割の落ちこぼれを戦力化する
- 部下を変えようと思わない まず自分が変わる
- 仕事に対する信念や年頭の指針を文書化する

- 手足を動かさない マネジメントやプロジェクトのあり方に頭を使う
- 仕事のやり方(型)を具体的かつ細かく部下に教える
- 決断力よりも現実把握力を磨く
- 部下の自己実現を心から願って深くコミットする
- 経営の理論を鵜呑みにしない 自分の頭で考えて判断する

第2章

チーム全員が定時に帰れて結果も出る仕事術

01

仕事に対する考え方を反復連打で部下に徹底する

「わかる」と「できる」は大違い

前にも述べたように、課長時代の私は、新しい部署に異動になるたびに「仕事の進め方10か条」を部下に提示していた。

ただし「10か条」は、紙に書いて渡しただけでは部下には定着しない。

たとえば「10か条」の①は「計画主義と重点主義」だが、多くの部下はこれを読んだときに「そんなことはわかっているよ」と思う。

しかし**「わかる」ことと、「できるようになる」ことの間には大きな溝がある**わけで、ほとんどの部下はわかっていても実践しようとはしない。

大きな成果が出たときもチームで打ち上げをして反省する

そこで必要になるのが反復連打である。

実際に現場で起きた出来事を例に挙げながら、「今回のこのプロジェクトが締め切りを大幅に超過してしまったのは、重要度をしっかりと評価して優先順位をつけて仕事に取り組むことを疎《おろそ》かにしてしまったからだよね」というように、計画主義と重点主義の重要性をその都度再確認させるのである。

ただし**仕事がうまくいかなかったときだけ再確認をしていたら、部下はミスを責め立てられているような気がして嫌気がさしてしまう**。

だからうまくいったときにも「今回のプロジェクトが成功したのは、『計画主義と重点主義』『フォローアップの徹底』『シンプル主義』の3つを押さえていたからだよね」というふうに、プラスのコメントもしてあげる。

特にチームで大きな成果を出したときこそ、打ち上げをしながらみんなで成功要因を振り返り反省するといい。

私にも経験があるのだが、チームで出した大型設備投資の案件が経営会議で通ったときや、工場の建設が始まって、ついに完成したときの喜びはひとしおである。

そうした際には、お酒を飲みながら、「今回成功したのは、こういうことをやったからだよ」といった具合に、反復連打したものだ。

こうしたことを繰り返すうちに、自分が示した「10か条」がチームのなかに徐々に定着していく。

余談だが、東レで課長研修の講師を務めたときに、私が25年前に課長を務めていた課の現役の課長が、この「10か条」をもっていることがわかって驚いたことがあった。

聞くとその課では、私が作った「10か条」が代々受け継がれているのだという。「10か条」が受け継がれてきたのは、きっとその内容が真っ当なもので、多くの人が共感できるものだったからだと思う。

己《おのれ》の仕事に対する信念に自信があるのなら、反復連打で何度でも部下に語ることが大切だ。その信念は、必ずチームに浸透する。

仕事の考え方は繰り返し伝えて部下に定着させる

わかる ／ **できるようになる**

「わかる」と「できるようになる」の間には大きな溝

↓

反復連打が大切

仕事に対する信念やアドバイスを繰り返し徹底することで定着させていく

部下が仕事を成功させたら

「計画主義」「重点主義」「フォローアップの徹底」が押さえられていたね

プラスの言葉をかける

打ち上げで
成功要因を
振り返るのもよい

部下が仕事で失敗したら

仕事の優先順位が甘かったね

振り返りの機会をもつ。ただし、反省ばかりだと嫌気がさすので、成功したときも声をかける

リーダーの信念を、反復連打でチームに浸透させる

02

リーダーは在任期間に達成すべき目標を定めよ

この職場で2年のうちに何を成し遂げるか

私は新しい部署に着任したときには、「この職場で2年のうちに何を成し遂げるか」という目標を必ず立て、その目標を達成することを自分に課してきた。**なぜなら、目標がないと、何もしないままに別の部署に異動といったことになってしまうからである。**

そうしたなかでも特に思い出深いのは、1989年に漁網と釣り糸の原材料を販売する部門の営業課長になったときのことである。その部署では漁網用原材料のシェアは50%と好調だったのだが、釣り糸用については20%と苦戦していた。原因を調べてみると、流通経路に問題があることがわかった。東レ→販売元(大問屋)→問屋→小売店という多段階の販売流通経路となっており、小売店の段階ではどうしても価格を高めに設定せざるを得なくなっていたのである。一方、当時小売り業界では、釣り具を比較的安値で販売する釣り具大型量販店が台頭していた。

そこで私は「自分が営業課長を務める2年のうちに、東レから直接大型量販店に販売する新しい販売流通経路を構築する」ことを目標に定めたのである。

やるべきだと思ったら尻込みしてはいけない

当時、釣り糸用の販売で東レと取引をしていた大問屋は4社あった。私はこれを1社に統合し、この新会社が小売店に直接販売するという仕組みを作ろうとした。すると当然予想できたことだが、大問屋4社のうちの3社が私の案に反対した。そこで私は、反対している3社のうちの1社に狙いを定めて説得工作に当たり、その会社の社長と何度も酒を酌み交わし、心を開いて話ができる関係を構築した。こうして1社を口説き落としたことによって、賛成2社、反対2社になった。

そのうえで私は賛成してくれた2社によって新会社を設立するという方針を打ち出した。すると反対している2社も、東レ+2社連合にはとても太刀打《たちう》ちできなくなる。そのため賛成に回らざるを得なくなった。こうして私は4社による新会社設立を実現し、同時に販売流通経路の変革を成し遂げた。異動してから、1年10カ月のことだった。

私がこの変革を力尽くでも実現しようと思ったのは、**「既存の流通経路では、釣り糸用原材料の販売に未来はない」と思ったからである。**もちろん「未来がない」ことについては、一定の現実把握力がある人であれば気がついていたはずである。

ただし気がついていても、「これまでお世話になってきた問屋さんから何を言われるだろうか」と考えると、人はどうしても尻込みする。しかしそれが会社やお客さまのためになることであり、やるべきだと思ったのならばやるべきである。そのくらいの覚悟がないと、チームを変えるリーダーにはなれない。

「自分がこの職場で何を成し遂げるか」という目標をもつ

①着任から次の異動までの期間を考える

②任期の間に達成すべき目標を立てる

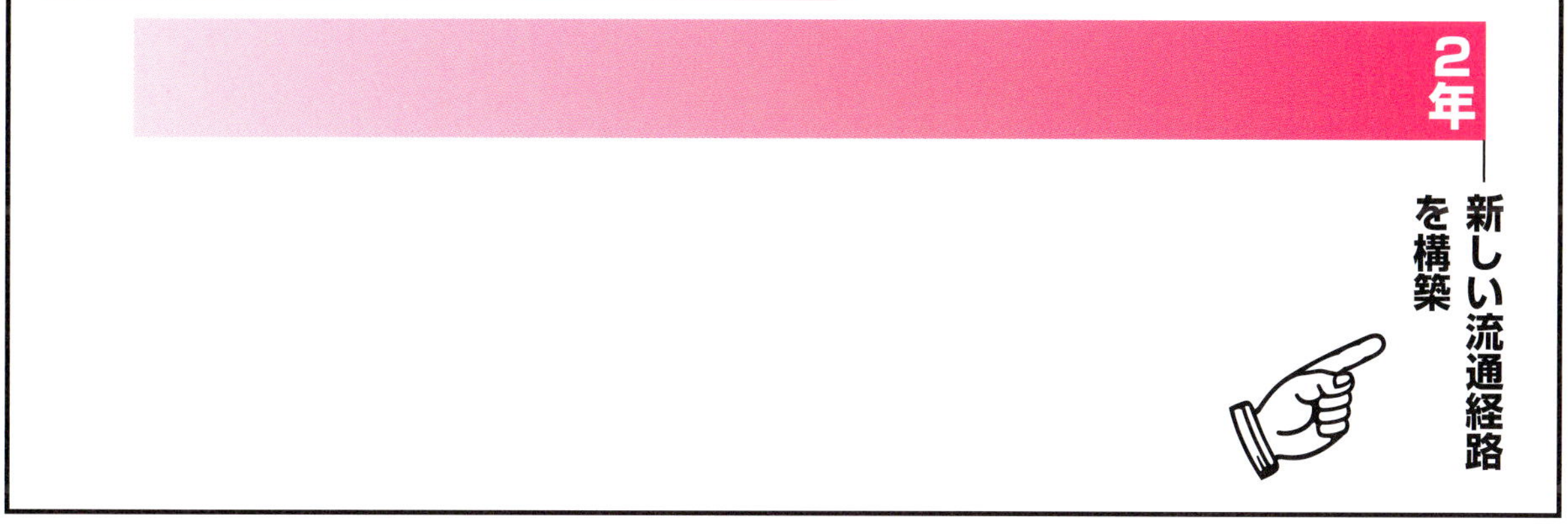

③最終目標から逆算して、綿密な計画を立てる

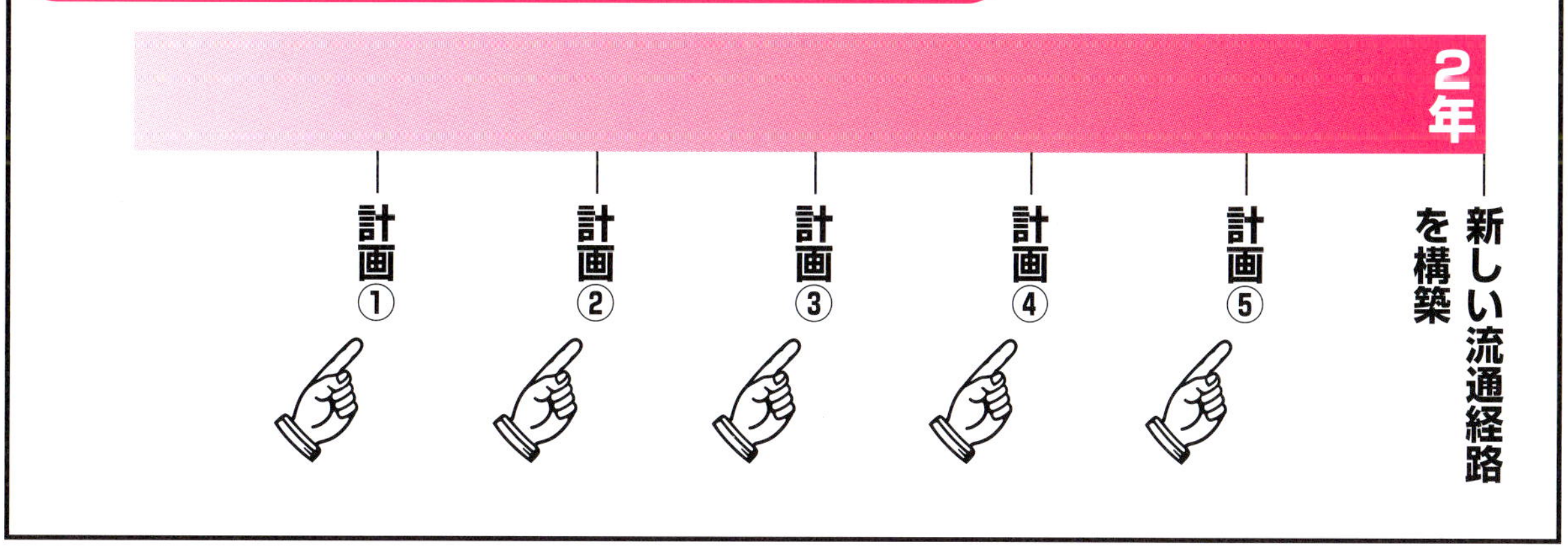

「やるべきことはやる」の覚悟がなければチームは変わらない

03

常識的なことをきっちり守る習慣を身につけさせよ

部下には常識的なことこそきっちり守らせる

「時間を守る」「きちんとあいさつをする」「お世話になったらすぐにお礼を言う」「嘘をつかない」「間違ったことをしたら、勇気をもって謝る」こういったことはビジネスパーソンとして当然守らなければいけない常識だが、現実には実践できていない人が少なくない。

もし職場に時間を守ることができていない部下がいたとして、リーダーがその部下のことを見過ごしていたらどうなるだろうか。**「あの人も時間を守っていないのだから、自分だって少しぐらい守らなくてもいいだろう」という空気が蔓延し、職場全体がすっかりルーズな雰囲気になるはずだ。**

だからリーダーは、常識的なことほど部下に厳格に守らせることが大切になる。たとえば「時間を守る」ということについては、無断で遅刻しない、会議に遅れない、お客さまとの待ち合わせには必ず10分前には着くようにする、といったことを徹底させるのである。

遅刻は許さない 会議が始まると部屋にカギをかけた

会社において特にルーズになりがちなのが会議である。なかには予定時間に始まらないことが常習化してしまっているチームもある。

私の場合、会議への遅刻は絶対に許さなかった。もし遅れざるを得ない用事があるときには、あらかじめ連絡しておくことを義務づけ、会議が始まると部屋にカギをかけて、遅れてきた人間は入れないようにしていた。

これを新しい部署に異動してきた最初の会議でやると、**「今度の上司は本気だ」ということをみんな一瞬で理解する。**そして次からは誰も遅刻しなくなる。

よくあるのは会議の直前に電話がかかってきて、電話対応をしているうちに遅刻してしまうというケースだ。急を要するお客さまからの電話でない限りは、私の部下は「のちほどおかけ直しいたします」と断るようになった。

その代わり、**終了の時刻も必ずオーバーしないようにする。**もし終了予定時刻が12時であれば、11時や11時半には終わるようにする。ぎりぎりまで時間を使って会議をやろうとすると、必ずといっていいほどオーバーしてしまうからだ。

上司が終了予定時刻を超えて会議を長引かせることは、部下の貴重な時間を奪うことにつながる。部下に時間厳守を義務づけるのなら、まず自分が率先して時間を守らなくてはいけない。

率先垂範《そっせんすいはん》は時間厳守だけでなく、「あいさつをすること」や「お礼を言うこと」といったことにおいても同様である。

リーダーが基本的なことを大事にしている組織は、部下も大事にする。常識を守れないルーズな組織になるか、引き締まった組織になるか、すべてはリーダー次第である。

リーダーは常識的なことほど部下にきちんと守らせる

守るべき常識的なこととは？

時間を守る

あいさつをする

嘘をつかない

お世話になったらお礼を言う

勇気をもって謝る

部下に守ってもらう前に、リーダー自身が率先垂範すること

ルーズにならない会議の作り方

①時間になったら、会議室のカギをかける

②終了予定時刻の、30分前倒しで会議を終了する

③終了予定時刻をオーバーしない

④会議直前の電話には「かけ直します」と断るようにする

リーダーが基本的なことを大事にすると、部下も大事にするようになる

04

新しいチームに異動になったら部下全員と面談せよ

前任者の話を鵜呑みにしてはいけない

22ページで、リーダーは現実を把握する力が大切だという話をした。そこで私が新しい部署に異動になったときに、チームの現実を把握するために重視していたのが面談である。

　これから自分の部下になるメンバーはどんな人たちか、彼らはチームのことをどう思っているか、といったことを、部下から直接話を聞くことでリサーチしていくのである。

　ちなみにチームの現状を把握するときには、前任者の話ももちろん参考にはなる。けれどもこれは鵜呑みにしないほうがいい。

　人はどうしても物事を自分の都合の良いように解釈するものだ。だから**前任者の言葉だけで、新しいチームや部下のことをわかったような気になるのは危険**である。

　そこで若手からベテランまで、すべての部下に面談をすることが大切になる。仮に部下が10人いたとしたら、チームに対して感じていることは10人とも異なるはずだ。その10人に異なる視点から語ってもらうことで、チームや仕事の現状を多角的に検証するのだ。

2：8の割合でまず部下の話を聞く

　部下と面談をするときには、だいたい2：8の割合で、自分が話すことよりも部下の話を聞くことに重点を置く。

　また部下から本音を引き出すためには、多面的に質問をすることが大切だ。

　その部下が担当している仕事についてばかり質問すると、相手は身構えてしまう。「君はこの課がどんなふうになればいいと思う？」「どんな後輩と一緒に働きたい？」といったように、**部下の職責と関係ない質問も織り交ぜたほうがいい**だろう。

　もうひとつ注意が必要なのは、リーダーの側の聞く態度である。部下は良い情報は話したがるが、自分の評価が落ちるかもしれないマイナスの情報は話したがらないものである。そこでリーダーは、**プラス情報もマイナス情報も同じ態度と表情で受け止めることが大切**になる。すると部下はリーダーに対して、「この人だったら何を話しても大丈夫だ」という安心感を抱くことになる。

　ちなみに私の場合は、半分は天性のものだが、もう半分は意識して相手が話しかけやすい雰囲気や態度で、部下と接することを常に心がけてきた。

　余談だが、阿川佐和子さんと対談をしたとき、途中から阿川さんは初対面の私のことを「常夫ちゃん」と「ちゃん」付けで呼び始めた。なんで「ちゃん」付けで呼ぶのか不思議に思ったので聞いてみると、

「だって、そういう雰囲気があるから」

とおっしゃっていた。

　こうした親近感を部下にもってもらうこともリーダーにとって大切だと思う。

郵 便 は が き

料金受取人払郵便

麹町局承認

9136

差出有効期間
平成27年2月
28日まで
切手はいりません

1 0 2-8 7 9 0

1 1 9

東京都千代田区一番町21

PHP研究所

読者アンケートs係 行

◆性　別　1. 男　2. 女	◆年　齢　　　歳
◆おところ　都・府 道・県　市・町 区・村	
◆お名前	
◆ご職業　1. 会社員　2. 公務員　3. 自営業　4. 主婦　5. 教員　6. 学生　7. その他（　　　）	
◆PHP研究所の書籍、雑誌、セミナーなどの最新情報をメールにてお送りさせていただいてもよろしいですか？　はい　いいえ	
◆メールアドレス	

*お寄せいただいた個人情報は厳重に管理し、商品の企画、書籍、雑誌、セミナーなどの最新情報をお送りする目的以外には使用いたしません（この件のお問い合わせは、事業企画部TEL03-3239-6250までお願いいたします）。

このたびはPHPの出版物をお買い上げいただき、ありがとうございました。
今後の編集の参考にするため下記設問にお答えいただければ幸いです。

●お買い上げいただいた本のタイトル

●この本を何でお知りになりましたか。

1 新聞広告で（新聞名　　　　　　　　　　　　　　　　）
2 雑誌広告で（雑誌名　　　　　　　　　　　　　　　　）
3 書店で実物を見て　　　4 コンビニで実物を見て
5 弊社のホームページ、ツイッター、フェイスブックなどで
6 他のウェブサイト、ネット書店で（サイト名　　　　　　）
7 新聞・雑誌の紹介記事で（新聞・雑誌名　　　　　　　　）
8 人にすすめられて　　　9 その他（　　　　　　　　　　）

●本書のご購入を決めた理由は何でしたか。

●本書の読後感をお聞かせください。

1 テーマと内容	（ 満足	ふつう	不満	）
2 タイトル	（ 納得	ふつう	不満	）
3 読みやすさ	（ 満足	ふつう	不満	）
4 価格	（ 高い	ふつう	安い	）

●最近読んで特に面白かった書籍や新書シリーズを教えてください。

タイトル・シリーズ名

●その他、ご意見・ご感想、これから読みたい著者・テーマなど、アイデアをお聞かせいただければ幸いです。

＊あなたのご意見・ご感想を本書の新聞・雑誌広告、弊社のホームページなどで
1 掲載してもよい　　　　　2 掲載しては困る

＊PHP研究所の書籍、雑誌の最新情報は、フェイスブックページ
https://www.facebook.com/pbusinessにても公開中です。

面談では自分が話すより まず部下の話を聞く

新しい部署に異動となったらメンバー全員と面談する

部下との面談では2:8で部下の話を聞く

どんな後輩と一緒に働きたい?
ガッツがあって何事も前向きに取り組む人がいいですね。それと……

注意!

前任のリーダーの情報は参考程度にとどめること

A君は…
B君は…
C君は…
・・・

まず部下に親近感をもってもらうことが大切

05

家庭の事情は積極的に会社にもち込め

リーダーが家庭の事情を打ち明けると部下も打ち明けてくれる

私は部下との面談は、着任時以外にも年2回、ひとりにつき2時間ずつ行っていた。面談のときには、仕事のことだけでなく、プライベートについても話すようにしていた。

というのも、私自身、妻が肝臓病になり、さらにうつ病も併発してしまったことから、育児や家事や看病のために毎日午後18時には会社を退社する必要があり、自分の家庭の事情を部下にちゃんと話さないと、仕事と家庭の両立は到底不可能になるという事情があったからだ。

不思議なことに、自分がプライベートな事情を打ち明けると、**「実は私も父が病気でして……」といったように、部下もプライベートで抱えている事情を打ち明けるよ**うになった。

これは講演でも、よくあることなのだが、私が自分の息子が自閉症であるということを話すと、講演終了後に必ず何人かの方が、「実は、私の子どもも自閉症なんです」と声をかけてくれる。そうして、私が先輩として、ちょっとしたアドバイスをすると、みんなホッとしたような顔をして帰っていく。自分の悩みを誰かに話せたことで、気持ちがふっと楽になるのだろう。

互いにフォローし合うことでより成果のあがる組織ができる

私は、こんなふうに自分が抱えている悩みを素直に打ち明けられる環境を職場のなかに作れたら、どんなに社員は働きやすく、生きやすくなるだろうかと思う。

誰でも何かしらの事情を抱えているものだ。場合によっては、プライベートな悩みがあることによって仕事で十分なパフォーマンスを発揮することができなくなっていたり、仕事とプライベートの両立に苦しんでいる人もいるだろう。

そんなとき、もしリーダーが部下のプライベートな事情まで把握していたら、ある部下については仕事の割り振りを工夫したり、残業をさせないで定時で帰してあげたりするなど、何かできることがあるはずだ。

男性ビジネスマンのなかには「家庭のことを会社にもち込んではいけない」と言う人がいるが、これは無理だと思う。もし親が重度の認知症で、徘徊をして行方不明になったら、そのときは会社よりも家庭を優先してすぐに帰宅するべきであろう。子どもが40度の熱を出したら、すぐさま病院に連れて行く必要がある。「家庭のことを会社にもち込んではいけない」などと言えるのは、家庭のことをすべて奥さんに押しつけているからだ。

だから家庭のことは、むしろ積極的に会社にもち込んだほうがいい。互いに事情を把握していると、**フォローし合いながら仕事に取り組みやすくなるため、より成果のあがる組織になる**と思う。

面談の際には
プライベートのことについても話をする

リーダーが家庭のことについても積極的に話をする

↓

抱えている悩みを打ち明けやすい環境を作る

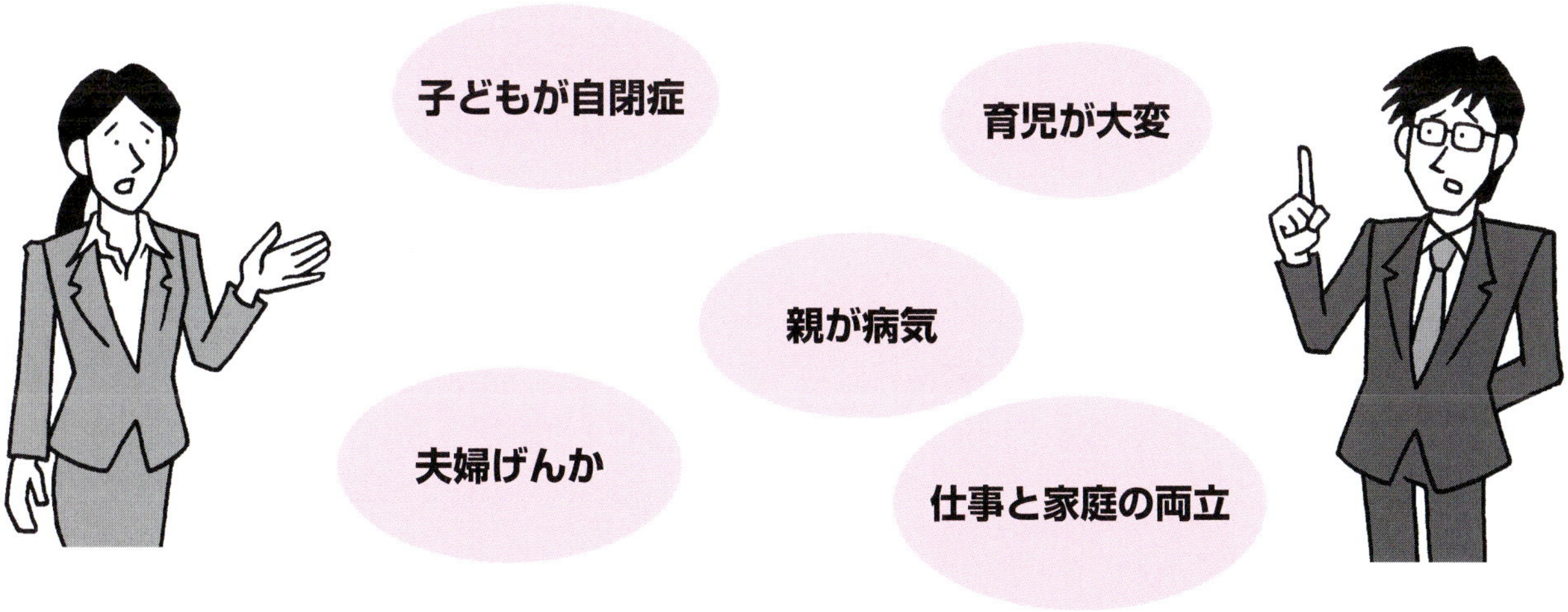
子どもが自閉症
育児が大変
親が病気
夫婦げんか
仕事と家庭の両立

実は
僕の息子は
自閉症でね……
えっ
そうなんですか
私の娘も……

**家庭の事情を
互いに共有
することで
仕事の振り分けも
配慮する**

**互いにフォローすることで
より成果のあがる組織を作る**

06

リーダーが「残業は悪である」と肝に銘じよ

残業時間が多いのは常識や想像力が欠如しているから

私は長時間労働は、「悪」以外の何ものでもないと思っている。**長時間労働をする人にも、または部下に長時間労働を強いる人にも、①「常識の欠如」②「バランス感覚の欠如」「プロ意識の欠如」③「想像力の欠如」④「責任意識の欠如」を感じるか**らだ。

労働基準法によって、労働時間には、上限が決められている。もし上司がこの時間を超えて部下を働かせているとしたら、法を守るという常識が欠如しているとしかいえない。

また仕事は、コスト（時間やお金の投資）と成果（売上や利益）のバランスが求められる。成果に比べて多くのコストを費やしているとしたら、バランス感覚が欠如している。プロとは、限られた時間で成果を出せる人のこと。だからプロ意識も欠如している。

また部下に残業を続けさせることは、部下の健康を損なったり、家族との時間を奪うことにつながる。そうしたリスクに思いが行き届かないのは想像力の欠如である。

さらに長時間労働が常態化している部下を目の前にしながら放置している上司は、責任意識が欠如している。

もし同じチームのなかに、残業が多い人とほとんどない人がいるとしたら、仕事の配分を間違っているわけで、マネジメント能力も欠如しているといえる。

「残業は悪」という意識を部下にも植えつける

だから、もしチーム内で残業が当たり前になっているとしたら、それはリーダーである自分の常識やバランス感覚、プロ意識、想像力、責任意識が欠如している証拠であると考えたほうがいい。そして自身の意識変革を図るとともに、部下にも意識変革を促す必要がある。

残業を減らし、定時に帰れるチームを作るには、残業は悪であるという意識を部下に植えつけていくしかない。

こうしたとき、リーダーは、自分の考えを部下にうまく伝える言葉を用意しておく必要がある。

たとえば、この残業の話であれば、「残業が多いのは、あなたの『バランス感覚の欠如』しているからだ」「『プロ意識の欠如』にほかならない」といったひと言は、部下にとってずしんと重く響く言葉になるはずだ。しかも本質を突いた言葉なので、説得力もある。

部下を説得し、納得させるとき、言葉の力は非常に大きい。言葉は武器になりうる。**リーダーは良い言葉に出合ったり、自分で良い言葉を見つけたときにはメモをとるなどして、言葉力を磨いておく必要がある。**

私は、こうした言葉を手帳に書きとめておいて、電車のなかで暗記するようにしている。すると、必要なときにスッと言葉が出てくるのだ。

なぜ残業は「悪」なのか？

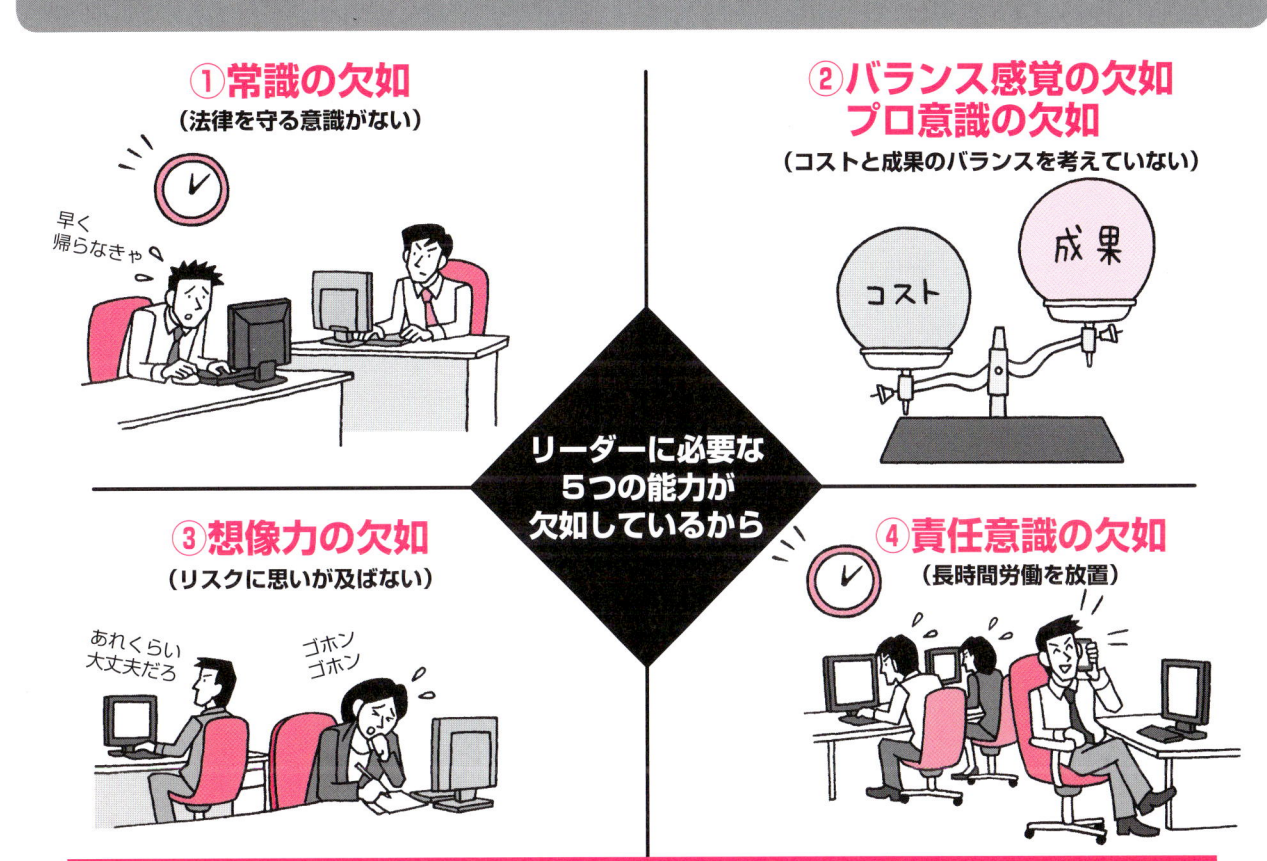

リーダーに必要な
5つの能力が
欠如しているから

①常識の欠如
（法律を守る意識がない）

早く
帰らなきゃ

②バランス感覚の欠如 プロ意識の欠如
（コストと成果のバランスを考えていない）

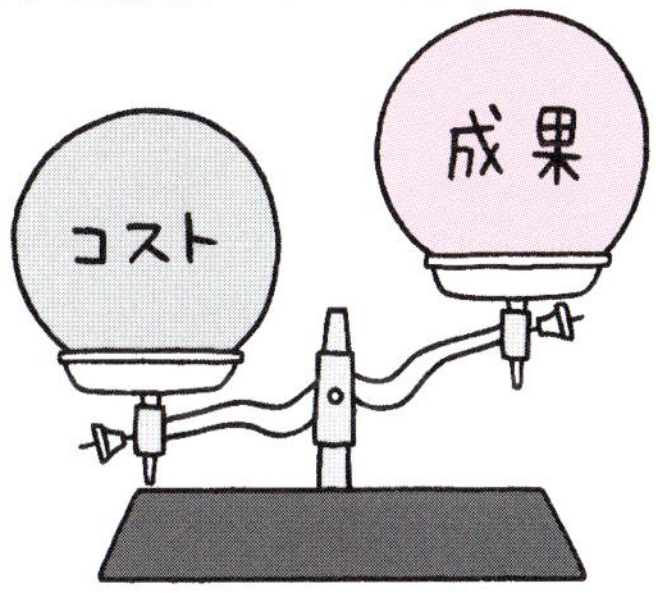
コスト
成果

③想像力の欠如
（リスクに思いが及ばない）

あれくらい
大丈夫だろ
ゴホン
ゴホン

④責任意識の欠如
（長時間労働を放置）

まずリーダーが意識改革を図る

部下にも意識変革を促す　ときには強い意志を示すことも大切

残業の多い人は
評価しないよ
改善できないなら
能力の低い人と
みなされてしまうよ

「残業は悪」の考えを自分の言葉で上手に伝える

07

チームの仕事のムダが大幅に減る、とっておきの方法

上司の思い込みと部下の勘違いが生産性を下げている

日本のホワイトカラーは、労働生産性が低いといわれている。生産性が低ければ、仕事が終わるまでに当然時間がかかるので、残業も多くなる。だから残業を減らしたければ、もっと生産性を上げるしかない。

私は日本企業の生産性が低い理由のひとつに、コミュニケーション能力の問題があると思っている。部下に仕事の指示を出すとき、ほとんどの上司は「Aくん、これを今週中にやっておいて」のひと言で終わらせてしまって、その仕事の内容や目的をそれ以上くわしく伝えようとはしない。

すると指示を受けた部下は、上司の真意をよく確かめもせずに、「たぶん課長はこういうものを求めているんだろうな」と勝手に解釈して仕事に着手する。そしてそのまま仕事を進めて完成物を提出したところ、上司が求めていたのはまったく違うものであったことが判明し、もう一度最初からやり直すということがしばしば起きる。

日本人は「あうんの呼吸」とか「以心伝心」といった言葉が好きだ。だがビジネスの現場では、こういう考えは捨て去らなくてはいけない。**「言わなくてもわかってくれるだろう」という上司の思い込みと、「相手はきっとこう考えているはずだ」という部下の勘違いが仕事のムダを発生させる**からだ。

途中経過を確認するだけで部下の仕事のロスは激減する

リーダーが部下に仕事の指示をするときには、誰が・何のために・いつまでに・何の仕事を・どの程度まで仕上げてほしいかを、文書や口頭で明確に伝えることが大切になる。そして部下に対しては、不明な点があればちゃんと質問するように促すことも大切だ。

気をつけなくてはいけないのは、上司から仕事を与えられたとき、たとえ部下は内心では「何で自分がこんな仕事をやらなくてはいけないのだろう」とか、「上司の言っているやり方ではなくて、もっとこっちのやり方のほうがうまくいくはずなのに」といった不満を抱いていたとしても、なかなか口には出さないということだ。すると部下が何も言わないものだから、上司は部下も納得してくれているものだと勘違いしてしまう。

これでは部下のモチベーションは上がらないし、仕事の完成度も大きく落ちる。だからリーダーは、**できる限り部下から意見や不満を引き出したうえで、納得して仕事に取り組ませることが重要**になる。

また部下に仕事の指示を出したあとも、要所要所で途中経過を確認することも大事だ。もし誤《あやま》った方向性で部下が仕事に取り組んでいたとしても、途中であれば軌道修正も容易になる。こうした手間を惜しまないことで、部下の仕事のロスを大幅に減らすことができるのだ。

日本企業の労働生産性が低い理由

上司の部下に対する指示の出し方が甘い

これ
今週中に
やっておいて
?

部下は勝手に解釈して
仕事をしてしまいがち

できました!

このレポートを
来週の月曜日までに
A4サイズで１枚に
まとめておいてくれ
取締役会の
報告用だから
わからないことがあったら
遠慮なく質問してくれ
はい
わかりました

リーダーも部下も納得する
仕事ができあがる

↓

仕事のロスが激減

要所要所で途中経過を確認しておく

08

部下に「手を抜くべきところは手を抜いていい」と伝える

コミュニケーション不足が仕事のロスを生む

チームとして仕事を効率的に進めていくためには、部下に対して「手を抜くべきことには手を抜かせる」ことが大事になる。

たとえば読者のみなさんが部下に、「得意先のA社の状況が知りたいので、会社概要がわかるものを用意してくれないか」という指示を出したとする。あなたとしては、ホームページに載っているレベルの情報で十分だと思っていた。たぶんその程度の資料であれば10分もかからずに用意することができるだろう。

ところが部下は、A社の沿革や株主構成、財務諸表などを用意し、見栄《みば》えまで整えたうえで、指示から約2時間後にあなたに提出した。

こんなときあなたは「よくこんなに細かい資料まで揃えてくれたね」と部下を褒めるだろうか。「いや、そこまでは求めてなかったんだよ」となるはずだ。

こうした意思疎通の齟齬《そご》は、**上司が自分の要求レベルを明確に部下に伝えなかったことと、部下が上司の要求レベルをきちんと確認しなかったことによって生まれる。**前項で述べた「コミュニケーション不足が大幅な仕事のロスを生む」典型だといえる。

部下に手抜きをさせてムダな時間を許さないようにせよ

これを防ぐためには、その**作業の目的と、どの程度のレベルに仕上げてほしいかを、あらかじめ上司が部下に伝える**必要がある。

そしてもうひとつ大切なのは、「通常の仕事については、拙速を尊ぶ」という考え方をチームに浸透させることだ。

たとえばメーカーの企画業務部門であれば、「事業分析」や「中期計画の策定」「大型の設備投資計画」といった案件は、非常に重要度が高い仕事である。だからこれらの案件については、妥協することなく議論を尽くし、考え抜かなくてはいけない。

けれども業務のなかには、根《こん》詰める必要のない仕事もある。むしろ日常業務においてはそちらのほうが多い。その手の仕事については、業務に支障をきたさないぎりぎりのレベルまで、手抜きすることを部下に奨励するのである。お客さまに提出する資料であれば体裁を整える必要があるが、上司が目を通すだけの資料ならば読めさえすれば十分である。いろいろな資料をつぎはぎしてコピーした簡易なモノでもかまわない。

私はこれを「仕事ダイエット作戦」と名づけて部下に取り組ませたことがある。するとその部門は、それまで月70時間もあった残業が20時間にまで激減した。

部下のなかには、さほど重要度が高くない仕事を時間をかけてのんびりやるのが好きな社員もいる。そして不必要な残業が増えていく。

部下に手抜きをさせるというのは、そうした時間のムダづかいを許さないということでもある。

コミュニケーション不足が仕事のロスを生む

リーダーの要求レベルを部下に伝えてない

A社の状況が
知りたいので
資料を揃えて
くれないか
わかりました

う～ん
本だけ持って
こられても……
できました

リーダーの要求レベルを伝えて確認する

この仕事は
私がデータを
知りたいだけだから
メモ程度でいいよ
わかりました

通常の仕事は拙速を尊ぶ

部下に手抜きをさせる ＝ 時間のムダづかいを許さない

09

チーム全員が1年を見通したスケジュールを立てる

1年を見通したスケジュールを立てればムダな仕事は減る

部下の残業を減らすための、効果的な方法を紹介しよう。それは部下に1年単位、1カ月単位、1週間単位の仕事の工程表を作成させ、提出させるということだ。

仕事にムダがない人は、「今年中に○○を完成させるためには、今月中に△△を終わらせなくてはならず、そのためには今週に□□の作業をここまで進める必要があり、今日取り組むべき仕事はこれである」というように、ゴールを設定して、そこから逆算してスケジュールを立てることができる。

ところが現実には、**1年を見通したスケジュールを立てているビジネスパーソンはほとんどいない**。1週間のスケジュールを立てるだけで精いっぱいである。そのためムダな仕事が数多く発生し、残業時間も多くなってしまうのだ。だから部下に1年単位の工程表を作らせることは、長期的な視点をもって仕事に取り組ませるために有効である。

部下に効率的な仕事のやり方を覚えさせる絶好の機会

一方、1週間単位の工程表については、その週にやるべき案件を全部列挙させて、それぞれの予定時間と、実際にかかった時間を書き込ませる。

これは、「仕事に入る前には、必ずその仕事を何時間で終わらせるかについて見積もりをとる」という習慣を部下につけさせることが狙いである。

たとえば人は「3時間で終わらせる」と見積もったら、何とか予定どおりに終わらせるように、重要度の低い作業を省《はぶ》くなど、いろいろな工夫をするものだ。こうして効率的な仕事のやり方を覚えていく。また見積もってから仕事に取りかかることを続けているうちに、次第にひとつの案件にかかる所用時間の予測能力も上がっていく。つまりスケジューリングがうまくなる。

さらに部下が作成した工程表を提出させることによって、リーダーは工程表を見ながら、たとえば部下が「3時間で仕上げる」ことを予定している案件に対して、「この案件を3時間で完成させるのであれば、この作業は優先順位が低いのでカットしたほうがいい」というように、具体的なアドバイスができる。

こうしてリーダーが、部下の取り組んでいる仕事に手を突っ込みながら細かく指導することによって、効率的な仕事の進め方を教え込んでいくことができる。逆に**部下の工程表がなければ、リーダーは部下に対して「もっと仕事を効率化しなさい」といった曖昧な指示しか出せなくなる**。

工程表を出すことを命じると、多くの部下は最初のうちは「そんなめんどくさいことをやりたくない」と反発する。しかしやがて**工程表が仕事の効率化に大いに結びつくことを知ると、自ら進んで作成するようになる**ものだ。

部下の残業を減らす効率的なやり方

1年単位、1カ月単位、1週間単位の工程表を提出させる

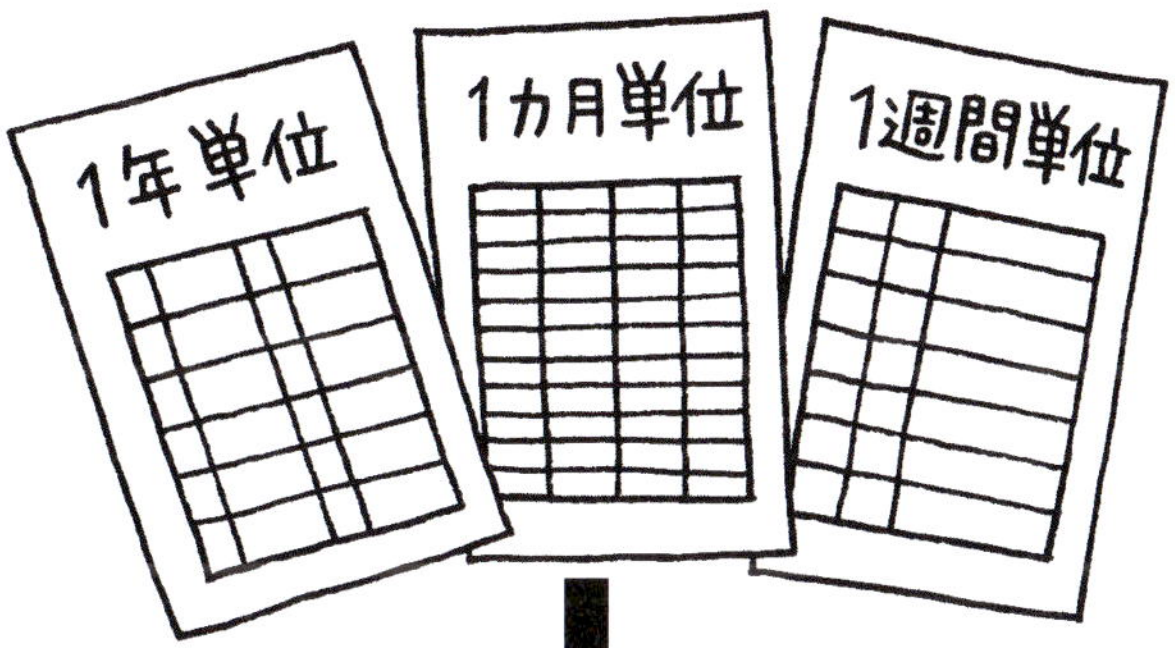
1年単位
1カ月単位
1週間単位

ゴールを設定し
逆算してスケジュールを立てる癖をつけさせる

1週間単位の場合　案件を全部列挙させて予定時間とかかった時間を書き込ませる

宇田さん
火曜日の報告書作りは
3時間で終わりそう？
う〜ん
微妙な
ところですね
じゃあ
ここのデータは
○○だけにしよう
はい
わかりました

部下の仕事に手を突っ込んで、効率的な仕事の進め方を教える

工程表があれば、部下の仕事の中身が見えてくる

第2章 まとめ

人を動かすリーダーシップの心得

チーム全員が定時に帰れて結果も出る仕事術

- 自身の信念を、反復連打でチームに浸透させる
- 自分の在任期間中に達成する目標を決める
- 当たり前のことを当たり前にできるチームにする
- 部下と面談するとき8割は部下の話を聞く時間にあてる
- 家庭の事情も積極的に職場にもち込む

- 「残業は悪である」と肝に銘じ部下にも徹底する
- 仕事の指示を出すときは、「誰が」「何のために」「いつまでに」「何の仕事を」「どの程度まで仕上げてほしいか」を文書や口頭で伝える
- 部下に対して「手を抜くべきところは手を抜かせる」
- 1年単位、1カ月単位、1週間単位の仕事の工程表を作成させ、チェックする

第3章

チーム力が格段にアップするコミュニケーション術

01

リーダーはいつも暇そうにしていなくてはいけない

信頼関係が成り立っていないと部下は面談しても何も話さない

前にも述べたように、私は部下との面談を年2回、ひとりにつき2時間ずつ行っていた。

これは部下にとっても自分の思いを吐き出せる意義深い時間だったようで、以前課長時代の部下から「佐々木さんとの面談が待ち遠しくて、楽しくて」という年賀状をいただいたこともある。

ただし、リーダーと部下の間に信頼関係が成り立っていなければ、いくら面談の場を設定しても部下は心を開いてはくれない。

実は年に2回と決めていたのも、部下との信頼関係を築くためである。必ず話を聞いてもらえるチャンスがあるとわかっていれば、それに向けて、部下はこういう話をしようと準備をするし、安心もするからだ。

ただ、それだけでは足りない。**「私はあなたを応援したいんだ。あなたの役に立ちたいんだ」という思いが部下に伝わり、**「この上司にだったらプライベートなことを話しても、ほかの人には絶対に漏れない」という安心感を抱いてもらわないと、部下は自ら話し出そうとはしない。

暇そうにすることで部下が相談しやすい雰囲気を作る

では信頼関係はどうすれば成り立つかというと、日頃のコミュニケーションをいかに密にとるかにかかっていると思う。たとえば、部下に新しい業務についての指示を出したとき、部下の心のなかには「よし、やってやろう」とか「これは難度が高すぎて、私にはできそうもない」など、いろんな思いが渦巻くものだ。そんなときリーダーは、部下の表情を見ながら、部下が何を感じているかを察知する。そしてその場に合った言葉をかける。また部下が業務に取り組み始めたあとも、随時声をかけていく。

仕事に関することだけではなく、「今日は顔色が悪いね。風邪でもひいた？」といったちょっとしたひと言をかけることも大事だ。すると「いや、昨夜寝てないんですよ」といった会話が生まれる。

そうしたことから「ああ、うちのリーダーは、私のことをちゃんと気にかけてくれているんだな」という信頼感が生まれる。

こんな話をすると、読者のみなさんは「そんなに細かく部下にフォローをしなくてはいけないなんて、リーダーは大変だな」と思われるかもしれない。そのとおり、大変である。だから何度もいうように**リーダーはプレーイング・マネジャーになってはダメで、マネジャーに徹しなくてはいけない**のである。

上司が忙しそうにしていると、部下は相談や報告があっても、声をかけづらくなる。リーダーは頭のなかはフル回転していたとしても、部下が声をかけやすいように、見た目は暇そうにしていなくてはいけない。

部下との信頼関係を築くため年2回の面談を行う

部下は信頼関係がなければ話をしない

私はあなたを
全面的に
応援するよ
この上司だったら
大丈夫そう
話してみようかな

信頼関係が部下の心を開く

日頃のコミュニケーションが部下との信頼関係を築く第一歩

わからない
ことは
相談してね

ゴホ
ゴホ
無理
しないでね

頭は仕事のことで
フル回転させていても……

↓

**表情や仕草は余裕を
感じさせるようにする**

仕事

部下が声をかけやすいよう、見た目は暇そうにしておく

02

褒める、叱るは自己流でかまわない。大切なのは部下の性格を把握しておくこと

野村監督は選手を褒めなかった でも選手を育てる達人だった

「部下は褒めて育てるべきか、叱って育てるべきか」

これはリーダーが部下と接するときに、悩むテーマのひとつである。私の考えは単純明快で、自分の性格を地でいけばいいと思っている。

褒めるのが得意な人は褒めればいいし、すぐに叱ってしまう人はそれでも仕方がない。褒めるのが苦手な人が無理に褒めようとしても、とってつけたようになるだけだ。

プロ野球のヤクルトや楽天などの監督を務めた野村克也さんは、いつも選手のことをぼやいてばかりいた。では彼にはリーダーとしての器《うつわ》がなかったかというと、そんなことはない。「野村再生工場」という言葉があったように、彼ほど選手の力を伸ばすのがうまい監督はほかにいないだろう。

また東レで社長職や会長職を務めた故・前田勝之助さんは「褒めることなんて皆無」といっていいぐらいにいつも部下を叱ってばかりいた。しかし、部下の成長を本気で願って叱っていることをみんな知っていたので、前田さんから叱られることは部下にとって、「自分は前田さんから期待されているんだ」という喜びにさえなっていた。

いちばん良くないのは、部下のことを褒めもしなければ叱りもせず、ぼやきもしないことである。

こんな実験結果がある。部下を褒めながら仕事をさせるチームと、叱りながら仕事をさせるチーム、褒めも叱りもしないチームの3つのチームを作って、それぞれ作業に当たらせた。すると最終的にいちばん成績が良かったのは褒めながら仕事をさせたチームで、最低だったのは褒めも叱りもしないチームだった。人間にとって存在を無視されることほど、意欲が落ちることはないのである。

部下に本当に伝えたいことは お酒の席を使わない

ただし、褒め上手の人もすぐに叱ってしまう人も注意しておきたいことがある。部下によっては、打たれ強い人もいれば繊細な人もいる。だから褒めるとき、叱るときには、部下の性格をよく把握しておくことが大切になる。

また叱るのが苦手な人に伝えておきたいのは、それでも叱らなくてはいけないときがあるということだ。上司によっては面と向かって叱れないために、お酒の席を使って部下に苦言を呈する人がいるが、これは卑怯である。そもそも部下からの信頼も得られない。

以前、**林文子さん（現・横浜市長）と対談をしたときに、彼女も部下に何かを伝えるときには、絶対にお酒の席ではやらない**と話していた。

こうした点さえ押さえておけば、あとは自己流でかまわないと思う。

褒めるか叱るかはリーダーの特質に合わせる

3つのチームでもっとも成果があがらなかったのは……

部下を褒めながら仕事をさせるチーム	褒めも叱りもしないチーム	叱りながら仕事をさせるチーム

最下位　褒めも叱りもしないチーム

2位　叱りながら仕事をさせるチーム

1位　褒めながら仕事をさせるチーム

部下への「無関心」は、絶対にNG！

03

叱ったあとにフォローが必要な部下、必要のない部下

部下がイキイキと働けるように フォローするのがリーダーの役目

チームリーダーというと、リーダーシップばかりに意識が向かうが、同時に必要なのがフォロワーシップである。

課長は課のなかではリーダーだが、部長に対してはフォロワーである。部長も部のなかではリーダーだが、役員に対してはフォロワーであり、その役員も社長に対してはフォロワーである。

したがって会社のなかでは、社長を除く全員がフォロワーシップをもっていることが求められる。

ちなみにフォロワーとは、部下やリーダーを補佐する人のこと。またフォロワーシップとは、チームとして掲げた目標を、リーダーを支えながら達成していく力のことである。

ただし**フォロワーシップは、上司と仕事をするとき、部長だけに必要なものではない**。リーダーが部下と接するときにも、リーダーシップとともにフォロワーシップを発揮することが求められる。

チームとして掲げた目標を達成するために、主役となって働いているのは一人ひとりのメンバーである。だからリーダーとしては、彼らが高い意欲をもって気持ちよく働けるように、環境を整備したり言葉をかけたりといったことを通じて、上手に彼らをフォローしてあげることが大切になるのだ。

叱ったあとに部下が 腑に落ちない表情をしたときは要注意

リーダーがフォロワーシップを発揮しなくてはいけない場面としては、前述した「褒める・叱る」でいえば、叱ったあとのフォローが挙げられる。

こちらが叱ったときに、部下が口では謝罪しながらも、どこか腑に落ちない表情をしていたとしたら、叱られた内容に対して納得していない証拠である。この場合、「責任がない部下を、叱る必要がないのに叱ってしまった」ということも考えられるし、「こちらが言葉足らずだったために、叱られた内容について部下が理解できていない」ということも考えられる。

そんなときは**叱りっぱなしで終わらせずに、フォローの言葉を入れることで、部下がなぜ腑に落ちない表情をしているのかを確認し、叱られたことについて納得させる**ことが大切になる。

ただし相手が優秀で、精神的にも強い部下である場合は、腑に落ちない表情をしていたとしても、あえてフォローをしないで「待つ」という選択肢もある。自分が叱られた内容について、「自分で考える」という時間を与えるのだ。

フォロワーシップのあるリーダーは、部下を納得させ、やる気にさせ、主体的な行動を引き出すことができる。

だから優秀なリーダーは、リーダーシップとフォロワーシップの両方を兼ね備えている。

チームリーダーには リーダーシップとフォロワーシップが求められている

チームリーダーは部下でもあり、上司でもある

フォロワーシップ
リーダーシップ
＋
フォロワーシップ

部下に対してもフォロワーシップが必要なときがある

部下へのフォロワーシップとは

こんな ミスをしたら ダメじゃ ないか

部下に注意したが腑に落ちない様子だった

原因

- 責任がないのに叱ったから
- こちらの言葉が足りなかったから

どうして あんなミスを したんだい?

フォローを入れると

↓

互いに納得できる

フォローすることで部下を納得させ、やる気にさせ 主体的に行動させる

04

成果をあげた部下のモチベーションをさらにアップさせる方法

行きすぎた成果主義は社員を疲弊させるだけ

日本企業でも一時期、成果主義の導入が盛んに行われたことがあったが、私は成果主義には反対である。

たとえば高い成績をあげた社員と、成績が低迷した社員の報酬に2倍の差をつけたとする。だが2倍もらった社員が、さらにモチベーションを上げて、次期も今期を上回るパフォーマンスを発揮できるかというと、そうとは限らない。**既にその社員は今期ベストを尽くしているはずで、それ以上の成果を次期にも求めるのは酷**である。一方、報酬を減らされた社員のモチベーションは下がる。このモチベーションの低下が業務に与える影響は計り知れない。つまり行きすぎた成果主義は、社員を疲弊させるだけなのだ。

そもそも私は、勝者と敗者が必ず出るような評価システムでは、チームは強くならないと思っている。本当に強いチームを作るためには、優秀な社員もそうでない社員も、全員がそれぞれにレベルアップすることで、チーム全体の底上げを図る必要がある。**野球が四番バッターひとりの活躍だけでは優勝できないのと同じ**である。ところが成果主義では、優秀ではない社員に挫折感を味わわせるだけで、チーム全体の底上げにはまったくつながらない。

「1段上の仕事」を任せることはチーム全体の底上げにつながる

この本はおそらく中間管理職レベルのリーダーの方もたくさん読まれていると思う。成果主義の導入についてはトップマネジメントが判断することなので、自分たちではどうすることもできない面もあるだろう。だが会社の評価システムがどうであれ、部下に対しては「仕事の成果には、お金ではなく仕事で報いる」という思いで臨んでほしいと思う。

私の経験でも、部下の仕事への意欲がいちばん上がるのは、これまでよりも1段難度の高いレベルの仕事を任されたときである。**部下は「自分の能力や努力を上司が認めてくれたんだ」という気持ちになる**からだ。

人は自己成長を感じられるときと、社会や組織、親しい人に貢献できているという実感をもてるときに、もっとも大きな充実感を得ることができる。上司が部下の存在を認めて、これまでよりも重要な仕事を与えることは、自己成長感と貢献感の両方を部下にもたらすことになる。だから「仕事の成果は仕事で報いる」ことが、部下の意欲を引き出すうえでいちばん有効なのだ。

また「1段難度の高いレベルの仕事」は、優秀な部下にもそうでない部下にも、それぞれのレベルに合わせて与えることができる。それぞれがやりがいを感じながら、仕事に取り組むことができる。成果主義のように、意味もなく敗者を作ったりはしない。こうしてチーム全体の底上げが可能になるのだ。

成果をあげた部下が さらにやる気を出すしくみづくり

高い成果を あげた部下

次の働きに、まわりの期待が重くのしかかる

成果がふるわなかった部下

モチベーションが下がり、さらに成績が下がる可能性も……

仕事の成果には、やりがいのある仕事を任せることで報いる

部下が 成果をあげる

↓

1段難度の高い 仕事を与える

↓

自己成長感 ＋ 貢献感 が生まれる

「1段難度の高い仕事」は、部下のレベルに合わせて やりがいを与えることができる

05

若い部下には野心をもたせる

若い部下には野心をもたせよう

前項で、報酬の差をつけることによって、競争意識を植え付けるのはよくないと述べた。

勘違いしてもらいたくないのだが、私は仕事に対してのすべての競争意識を否定しているわけではない。むしろ若いうちは、仕事についての野心を抱くべきだと思う。

私自身もそうだった。プラスチック事業に在籍して、２年半で12カ所に工場を造った頃は、野心のかたまりだった。生産さえできれば、営業は何としても売るだろうと考えていた私は、造るが勝ちだと思い、世界各国に工場を造った。アメリカに２つ、中国に３つ、タイ、マレーシア、フランス……。その後、私が離れてから、今日までに新たに造った工場はたったの２つだ。

当時は毎月のように海外出張を重ね、自分がいるあいだに全部工場を造ってしまおうと本気で考えるほどだった。アジアには何度も出張したし、ヨーロッパは、建設している暇がないので買収した。

それだけの仕事を成し遂げることができたのは、やはり野心があったからだと思う。

工場を造るということは、自分の仕事が目に見える形で残る。これは何ものにも代えがたい仕事の喜びだ。

そしてもうひとつ、自分のやっていることを会社の成長につなげたいという野心があった。工場を造れば、その事業は絶対に伸びるという思いがあったからこそ、失敗を恐れずに挑戦できたのだと思う。自分と会社という２つの野心をもつことは、仕事をするうえで大きな原動力となることは間違いない。

会社に語り継がれる伝説の成功物語を話せ

部下に野心をもたせるとはどういうことか。

「野心とは功名心だ」

この言葉はあまりいい意味で使われないが、要は「普通の人がなかなかできない難しいことを達成し、まわりを驚かせること」だ。志ある部下にとっては大変魅力あることであり、価値あることである。

これを実現させるためにはどうしたらよいか。身近な例は、自分の会社のなかにいくらでもある。

たとえば、どの会社にも社史がありその会社の発展の礎となった研究開発や画期的なマーケティング手法などが記載されているはずだ。

また、語り継がれてきた、会社の先輩たちの伝説的な成功物語もあるだろう。

規模は小さいかもしれないが、あなた自身の体験のなかにもある。また、競合他社の事例にもあるはずだ。

そうした実例をさまざまな機会に語り聞かせることは、部下にとってはチャンスをつかむ機会につながったり、部下の仕事に大きなヒントを与えることにもなる。

会社に伝わる伝説の成功物語を話せ

プラスチック事業部時代に、2年半で工場を12カ所建設した

短期間で大きな実績をあげることができたのは、強い野心のおかげ

野心のある部下を育てるには

- **会社が発展するきっかけとなった出来事**
- **先輩社員の伝説的な成功エピソード**

を話す

野心 ＝ 功名心

↓

**会社で
名をあげることに
喜びを感じさせる**

部下の仕事の大きなヒントにつながることもある

06

人事評価は少し甘めがちょうどいい

部下を昇格させる準備は1年前から始める

「仕事の成果は仕事で報いる」と先に述べたが、もうひとつ報いる方法がある。部下を昇格させることである。昇格も「自分も課長が務まるレベルにまでなった」という自己成長感と、「自分は組織から必要とされている」という貢献感を部下にもたらすことになる。

私は昇格させたい部下については、1年前から準備を始めていた。昇格申請をしてから根回しをしたとしても、その時点では既に上司や人事部がある程度の順位付けを済ませてしまっているため、ほとんど効果がないからだ。

昇格を実現するためには、部下の能力を自分の上司（部下から見ると2段上の上司）や人事部に認めてもらう必要がある。まず上司に対しては、その部下がいかに有能であるかを折にふれアピールしておく。役員会議などの場で、その部下をプレゼンテーションの担当者に抜擢する。**入念な準備をさせて成功させたうえで「なかなか彼は優秀でしょう。うちのホープなんです」といったふうに売り込むと、より説得力が増す**ことになる。

一方、人事部に対しては、人事部の人間と接する機会があったときには、自分が昇格させたい部下の話を必ずするようにしておく。これを続けるうちに、人事部とのコネクションも自然と深まっていくものだ。

昇格は部下を成長させる絶好のチャンス

私は部下が昇格しやすいように、日頃の業務においては厳しく結果を求めるが、人事評価については少し甘めに評価していた。管理職のポストは数が限られているため、日頃から厳しい評価をしていたら、昇格させられるわけがないからだ。

たとえば、「彼はまだ、ちょっと課長の実力ではないかなぁ」という部下でも、積極的に課長に推すようにしていた。

というのも、私は「地位が人を作る」という言葉があるように、**その立場になったら、誰もがそれなりにがんばれるものだと思っているからだ。**もっといえば、そもそも、人の能力にはそんなに差がない。

だから部下が「上司がそこまでやってくれたなら、俺もがんばろう」という気持ちになって、全体のレベルアップにつながることを期待して、評価は甘めを実践してきた。

その代わり部下に対しては、「部長に君を昇格させたいという話をしたら、部長は『確かに彼は能力があるが、チームをまとめていくための協調性に欠けるところがあるよね』と言っていたよ。私もその欠点を克服できたら、君はすごくいいリーダーになれると思うよ」というふうに、ちゃんと課題を与えておくことも忘れてはいけない。

昇格は、部下を成長させるまたとないチャンスと考えればいいのである。

リーダーは部下の昇格に全力を尽くす

上司へのアピール

彼はわが部署の
ホープです

部下を立てることでリーダー自身の器の大きさを印象づけることもできる

人事部へのアピール

○○君は
後輩からの
人望も
あついです

自分が昇格させたい部下の話を必ずする

部下へのアドバイス

協調性を
もっと伸ばせば
とてもいい
リーダーに
なれるよ

昇格を機に見違えるほど成長する部下もいるので、しっかりとアドバイスする

昇格は部下を成長させるまたとないチャンス

07

嫌いな部下、合わない部下からも信頼される評価のつけ方

部下を好きになるコツ

前項で述べたように、私は人事評価では部下を少し甘めに評価していたが、公平な評価を行うという点では細心の注意を払っていた。

とはいえ、リーダーといえども人間だから、個人的な好き嫌いもある。もし読者のみなさんに10人の部下がいたとしたら、好きな部下が3人、嫌いな部下が3人、どちらでもない部下が4人というのが、平均的なところではないだろうか。

私の場合、基本的に人が好きなほうなので、好きな部下が7人、嫌いな部下は1人、どちらでもない部下が2人といった割合だった。

人の好き嫌いというのは、相性もあると思うので、リーダーといえども嫌いな人を好きになるのは難しい。そこで、私が実践していたコツをひとつ紹介しておこう。それは、「いいところを見て、悪いところを見ない」ということだ。相手の短所や嫌いな部分には目を向けず、長所や好ましい部分を見つけるように心がけることである。

要は、**悪いところが見えたとしても、見ない、触れない、考えないようにするのである**。とはいえ、私自身、こうした考え方ができるようになったのは、管理職で経験を積んでからのことなのだが……。

また好き嫌いの問題とは別に、生き方や仕事に対する価値観が合うかどうかという問題もある。私は基本的に自分の人生観や仕事観に基づいて、その人らしく働くことが大切であり、普段は自分の価値観を前面に押し出して働けばいいと考えている。

自分の価値観を脇に置いて評価できるリーダーになる

ただし人事評価となると別である。自分の仕事観と合わないからといって、その部下のことを低く評価するのは公平ではない。人事評価を行うことの意味は、その部下の能力・技術・人間力を正しく評価することによって、自分の強みと課題を部下に示し、さらなる成長を促すことにある。そこで人事評価を行うときにまず意識しなくてはいけないのは、**人間は主観で物事の善し悪しを判断する生き物であることを強く自覚する**ことだ。そのうえでできる限り自分の好き嫌いや価値観から離れて、客観的かつ冷静に評価することを心がける。

たとえば、リーダーが「営業マンは戦略が大事」という価値観をもっていたとする。一方、ある部下は泥臭い営業を重視している。しかし、もし部下が顧客から信頼を得られていて、成績もあげているのなら、自分の価値観は脇に置いて評価しなくてはいけない。

これができれば嫌いな部下、合わない部下からも「あの人は自分とは価値観は違うけれども、リーダーとしては素晴らしい」という信頼を得ることができるようになる。

リーダーにも好き嫌いはある しかし評価は別もの

リーダーにも好きな部下、嫌いな部下はいるもの

部下を好きになるコツ ＝ 「いいところを見て悪いところを見ない」

客観的かつ冷静な評価をするには

①「人間は主観で判断しがち」という戒めを自覚する
②自分と違う仕事の価値観でも、成績をあげていれば評価する

顧客から信頼され成果が同じなら
評価も同じ

嫌いな部下、合わない部下を評価するときは自分の価値観を脇に置く

08

部下からの反論や違和感を歓迎する器量をもて

「間違うときはみんな間違う」恐さ

ダイバーシティという言葉がある。これは企業が人種や国籍、性別、年齢にとらわれずに、多様な人材を活用できていることをいう。私はリーダーが強いチームを作っていくには、ダイバーシティの視点をもっていることがとても重要になると思う。

こんなことをいうと読者のなかには、「うちの職場は日本人ばかりだから、ダイバーシティは関係ない」と思う人もいるかもしれない。しかし日本人の男性中心の職場でも、そのなかにはさまざまなタイプの部下がいるはずである。

過去の歴史を振り返っても、多様性をうまく活用することが成功につながっている。これまで世界に変革をもたらしてきたのは「異端児」と呼ばれてきた人たちである。

私がダイバーシティを大事だと考えているのには理由がある。というのも、実は私も、自分自身のことを会社のなかで少し変わっていると感じていたからだ。だから、会社に対して、いつも**「佐々木常夫という、ちょっと変わった私を認めてほしい」。自分の生き方、自己主張を認めてもらいたいという意識を強く抱いていた。**

ところが上司が多様性を受容する視点をもっていないと、異端児を「困った部下」として排除しようとする。上司が異端児を厄介《やっかい》者扱いしがちなのは、自分の指示にすぐに従おうとしないことが多いからだ。トップが号令をかけたら、同じ方向に向かってメンバーが一斉に走り出すチームは、確かに効率はいい。しかしそうした集団は、多様な視点から物事を判断することができず、間違うときにはみんなで間違うということが起きる。

優れたリーダーは異端児の違和感を上手に利用する

一方、異端児とは、ほかの部下とは違う視点で物事を見られる人のことである。いわばチームにコンフリクト（衝突）をもたらす人である。優れたリーダーは、このコンフリクトをうまく活用してチームを強くする。

たとえばそれまでチームでは当たり前とされてきたことに、異端児は違和感を唱える。私も異端児というほどではなかったが、中途入社の部下から「どうしてこんな会議を毎月する必要があるのですか」「なぜこんなに分厚いレポートを毎週書かなくてはいけないのですか」と聞かれて、ハッとさせられた経験がある。ずっと東レに勤めてきた人間にとっては「当たり前」のことでも、違う世界からきた人間にとっては「不思議なこと」として映るのだ。

リーダーとして大切なのは、そうしたチームのなかで異質な人間が違和感を表明したときに、**「これがうちのやり方なのだから、従いなさい」と押さえつけるのではなく、その違和感を受け止めて、事業や業務の改革、改善に活かしていく**ということだ。

多様性をうまく活用することが成功につながる

トップの号令に対し一斉に同じ方向に
走るチームは効率はいいのだが……

間違いが起こると
共倒れしてしまう

チーム内の異端児の活かし方

どうして
ですか？
これは
ちがうの
では？

そうだな
そういう考えも
あるな

- ●部下(異端児)が感じている違和感を押さえつけない
- ●事業や業務の改善のヒントとなるかもしれないと考える

異端児の違和感を受けとめて仕事に活かす

09

異端児の、行きすぎた行動・振る舞いにはこう対処せよ

「自由と規律」のバランスは簡単ではない

私はダイバーシティを実現できているチームは強いチームだと思っているが、これはいうほど簡単ではない。「自由と規律の両立」という問題が出てくるからだ。

たとえば、自分のチームに、とても豊かな発想力をもっていて、新製品の開発や業務改革などにおいて、ほかの社員が思いも寄らないような優れたアイデアを出す部下がいたとする。けれどもその部下は時間にルーズで、敬語も使えなくて、チームに与えているマイナス面の影響も大きいとしよう。

こんなときリーダーは、「彼はチームのなかでは異端児なのだから、その良さを活かすためにマイナス面には目を瞑《つむ》ろう」と、その部下の振る舞いを黙認すべきだろうか。

私は、成果とチームへの迷惑をトータルで考えて判断を下すべきだと思う。

仕事でどんなに成果をあげていても、人に迷惑をかけて、結局チームとして、マイナスの成果になっている場合は、やはり厳しく対処しなければならない。常識は常識として守らせる必要がある。一方で、仕事の成果と比べて、それほど大きなマイナス要因でなければ、目を瞑ってもいいかもしれない。

社会も組織も、あまりにガチガチのルールで縛りすぎると活力が失われる。しかしだからといって、まったくの無法状態にしてしまうと、混乱に陥る。だから組織や会社を維持するために最低限のルールを設けつつも、異端児たちがその能力を存分に活かせるように、自由も確保しておくことが理想だ。自由と規律のバランスがちょうどとれた状態をめざすのである。

「言うことを聞かなければクビ」という覚悟も必要

ルールを徹底する際、リーダーには厳しさというか、ある種の非情さも必要となる。3、4度注意をしても改められない場合は、「あなたは今、チームのメンバーに迷惑をかけている。もしこれ以上同じ言動を続けるのなら、今度の人事評価では低い評価をつけざるを得ないよ」といったことを、はっきりと通告する必要が出てくるだろう。

それでも改善されないときは、別の部署に異動してもらうしかない。大企業であれば、そうした人でもほかの社員に迷惑をかけずにひとりでできる仕事があるものだ。

故・中坊公平さんが部下と向き合う姿勢について述べた言葉に、「正面の理、側面の情、背面の恐怖」というのがある。これは**「部下には論理的に説明しなさい。ときどき愛情をかけなさい。しかし言うことを聞かなければクビにしなさい」**という意味である。

最終的には上司としての権力を発動する覚悟をもっていないと、組織をまとめることはできない。

自由と規律のバランスはどうとればよい？

優れた能力をもっていながら勤務態度がルーズな異端児の場合

注意すべきか？

目を瞑るべきか？

トータルで見て

→ 会社にとって問題なければ　**注意しなくてよい**

→ 会社にとって損失を与えていれば　**注意すべき**

注意

- ルールで縛りすぎると社内の活力が失われる
- 3、4度注意しても直らない場合は人事評価を下げる

ルールを徹底する際は、ある種の非情さも必要

10

部下のうつ病対策は日頃の信頼関係がカギ

うつ病は風邪と同じ 早く対処すれば快復も早くなる

うつ病は「心の風邪」といわれていて、誰でも体の風邪をひくことがあるように、うつ病にかかる可能性もある。ただし体の風邪と違うのは、まだまだ社会的な偏見が大きいということだ。そのため本人も自分がうつ状態であることを自覚しながらも、それを認めたがらないというケースが多い。

すると風邪をこじらせると命にかかわる事態になるのと同じように、うつ病もやがて働き続けることが困難になったり、最悪の場合、自ら死を選ぶところまで悪化する。

今は書店に行けばうつ病に関する書籍が数多く売られているし、どこの会社でも「メンタルヘルスの手引き」等の冊子が置かれているものだ。だからリーダーとしては、まずこれらの文献を通じて、うつ病の基礎知識と、部下にうつの兆候が見られたときの対処法を身につけておくことが不可欠となる。

そして何より大切なのは、部下のうつの兆候にできるだけ早く気づくことである。最近のうつ病治療は進んでいて、軽度であれば薬物療法のみで治すことも十分に可能だ。風邪と同じで、**治療を始めるのは早ければ早いほど快復も早くなる**。

信頼関係を構築しておくことが うつ病の予防にもつながる

ただし部下のなかには、病院に行くことを勧めても、自分がうつ病であることを頑《かたく》なに認めようとしない人も多い。そういう部下に対しては、「私はうつ病に対して何の偏見ももっていない」ということと、「あなたがうつ病だとしても、あなたに対する信頼や人事評価は何も変わらない」ということをきちんと伝える必要がある。すると部下もリーダーの言うことを信頼をして、病院のドアを開けるのを決意するものだ。

そういう意味では、部下にうつの兆候が見られるかどうかに関係なく、日頃から部下との間に信頼関係を築いておくことがとても大事だ。

私はこれまで会社のなかで9人のうつ病の社員と出会い、そのうち6人を病院に連れていった。病院に行くことを拒んだ3人は、いずれも私の部や課の人間ではなく、隣接する部や課の社員だった。彼らを通院させられなかったのは、**私と彼らの間に信頼関係が築けていなかったから**だろうと思う。

人は悩みを誰にも打ち明けられずにひとりで抱え込んでいるうちに、うつ病になるものだ。けれどもリーダーとの間に信頼関係が構築できていて、何でも話し合える間柄になっていれば、部下は悩みを吐き出せるわけだから、それがうつ病予防になる。そして部下にうつの兆候が見られたときにも、早期での対処が可能になる。うつ病の予防も対処も、部下との信頼関係がカギを握っている。

リーダーはうつ病に関する知識も身につけておく

うつ病＝心の風邪　誰でもかかる可能性がある

リーダーはうつ病に関する知識を身につけておくこと

うつ病の基礎知識
メンタルヘルスの手引き
うつ病対処法

部下のうつの兆候をできるだけ早く見つけてあげる

病院へ行くのを拒む部下には

うつ病でも
君の人事評価は
変わらないから
安心していいよ

部下との信頼関係を築いておくことが大切

リーダーとの信頼関係が部下のうつ病を防ぐ

11

「35歳成長限界説」は間違い。人は何歳からでも変われる

「35歳までで勝負は決まり」は間違っていた

私はこれまで『部下を定時に帰す「仕事術」』や『働く君に贈る25の言葉』（いずれもＷＡＶＥ出版）などの著書で、「その人のおおよその能力は、35歳で決まってしまっている」と言ってきた。

35歳にもなると、その人の「人生観」「仕事のやり方」「人との付き合い方」は、ほぼ固まっている。

35歳までに優れた人生観や仕事のやり方を身につけた人は、その後の成長角度も高くなり、そうでない人は低くなる。そのため成長角度が高い人が低い人に追い抜かれることは絶対にないという意味で「35歳までで勝負は決まり」と言ってきた。

人生は「35歳までが重要である」という考えはいまだに変わっていない。しかし「35歳までで勝負が決まり」と断言したのは、間違っていたと今では思う。というのは、人は何歳になってからでも変わることができるし、**40歳や50歳になってからでも成長角度を高め、成長していくことは十分に可能だと感じるようになった**からだ。

7冊も本を出すなんて10年前は想像もしていなかった

私がそう思うようになったのは、私自身が60歳を過ぎてから大きく変わることができたからだ。

私が人生初の著書である『ビッグツリー』（ＷＡＶＥ出版）という本を出版したのは２００６年6月だから61歳のときである。それからわずか7年の間に7冊の著書を上梓《じょうし》した。書く技術は格段に上達したし、スピードも速くなった。これは10年前の自分には想像もつかなかったことである。

私だけではない。稲盛和夫さんから指名されて、２０１２年2月にＪＡＬの社長に就任した植木義晴さんは55歳まではパイロットをされていて、経営の経験はまったくなかった。それが２０１０年にＪＡＬが経営破綻《はたん》したときに執行役員となり、そのわずか2年後に社長の座に就いたのである。

人は**志さえあれば、何歳になってからでもスタートラインに立つことができるし、“大化け”することができる。**そのことを私は最近痛感している。

そこでリーダーとしてぜひ心得ておきたいのが、「人は何歳になってからでも変わることができるのだから、最後まで部下の成長をあきらめてはいけない」ということだ。

もちろん若い部下に対しては、「人生は35歳までが重要だぞ」と発破をかけることは間違っていない。それは事実だからだ。しかし40歳や50歳の部下だって、何かのきっかけで大きく変わる可能性がある。もしかしたらそのきっかけを与えられるのは、リーダー自身かもしれない。

だからどうかリーダーは、常にすべての部下にチャンスを与え続けてあげてほしい。

なぜ「35歳までで勝負は決まり」は間違いなのか？

かつての私の持論

人は35歳までで勝負が決まる

40歳でも50歳でも
成長することはできる！

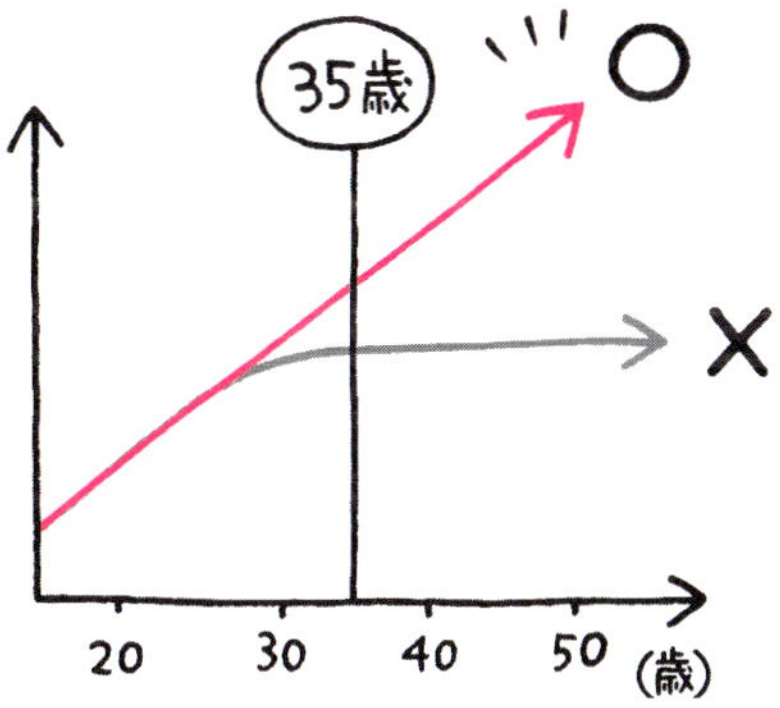
35歳
○
×
20
30
40
50
(歳)

つまり

志さえあれば何歳からでも人は変われる

35歳までは重要だが
その後も
伸びるからな！
あきらめるなよ！

部下の成長も
決して
あきらめては
いけない

リーダーは、常にすべての部下へチャンスを与え続けること

12

「部下の人生を背負っている」という強い自覚をもて

私が長時間労働を心から嫌うようになった理由

私が平社員だったとき、部下に対して当たり前のように長時間労働を要求する上司がいた。ムダな指示も多かったし、定時を大幅に過ぎてから会議を開くといったことも平気で行っていた。私は計画性がなく成り行きで仕事を進める彼のスタイルに強い嫌悪感を覚えた。とはいえ部下は、最終的には上司の指示に従わなくてはいけないという義務がある。「これは業務命令だ」と言われれば、彼の言うとおりにするしかなかった。

私は長時間労働を強いられるたびに、悔しさで唇を噛みしめながら、「自分がリーダーになったら、絶対にあんなふうにはならない」と固く心に誓った。ある意味、今の自分があるのは、その上司を反面教師にしてきたからというところもある。

ただし多くのサラリーマンは、私のようにはいかないと思う。上司から「長時間労働を良し」とする価値観を刷り込まれ、実際に残業を命じられているうちに、いつしか自分自身もその価値観に染まっていくものだ。そして自分が上司になったら、今度はその価値観を部下に押しつけようとする。**長時間労働を否定することは、自分の過去の経験を否定することにもなる**からだ。だから私のように上司の振る舞いを反面教師にできるのは、ごく少数だと思う。

ちなみに私が課長になったとき、直属の上司だった部長は、私の仕事のスタイルを高く評価してくれた。「あいつはしっかりと定時に帰って、しかも結果を出している。みんな佐々木を見習え」と言ってくれた。だから私も伸び伸びとやらせてもらえた。

リーダーは部下の人生を大きく左右する力をもっている

このようにリーダーがどんな価値観をもった人物であるかは、部下にとってその後のビジネス人生を大きく左右する重大事項であるといえる。中堅社員やベテラン社員であれば、既に一定の価値観を確立しているので、リーダーの価値観の押しつけをある程度は受け流すことができる。しかし、学校を卒業したばかりの新入社員の場合は、リーダーの圧倒的な影響下に置かれることになる。

だからリーダーの仕事は大変だ。誤った価値観を植えつければ、部下は誤った方向へと育っていく。逆にいえば、**ひとりの部下の人生を変える力をもっているのだから、これほどやりがいのある仕事はない**ともいえる。私にも、自分の考え方や仕事のやり方をゼロから教え込み、手塩にかけて育てた部下がいる。彼らが自分の手元を離れぐんぐん成長していくのを見るのは、私にとって大きな喜びである。

リーダーは、自分の存在が部下に与える影響力の大きさを自覚しながら、価値観や仕事のスタイルを磨き続けなければいけない。

リーダーの価値観が部下を大きく左右する

平社員のとき、部下に長時間労働を強いる上司がいた

多くのサラリーマンは自分が
上司になって同じことをする

自分は
こういう
リーダーには
ならない！

私が課長になったとき上司は高く評価してくれた

お先に
みんな
佐々木を
見習えよ

自分の存在・やり方が、部下に与える影響の大きさを自覚する

13

新入社員の教育はリーダーの責任

新入社員は今も昔も変わらない

今年も4月に、多くの会社に新入社員が入ったことだろう。この時期に毎年耳にするのが「今年の新入社員は○○型だ」や「最近の若者は理解できない」というような、お決まりのつぶやきだ。

しかし、私自身は、自分の若い頃と今の新入社員を比べて、何かが大きく変わっているとは思わない。

「最近の新入社員は出世したくないとか、ガツガツ働きたくないとか、仕事に対する向上心が薄れているということを感じますか?」といったことをよく質問される。それだって、今の新入社員は私たちの頃よりも情報量が多いため、全員が社長になれるわけがない、まして自分がなれるわけがないという現実をわかっているからにすぎない。

私を含めて私の同期や当時の新入社員が、意気揚々と「社長になるぞ!」とやる気があったのは、単に何もわかってなかっただけなのだ。

新入社員が戦力になれば リーダーもラクになる

今も昔も変わらず新入社員というのは、**中途半端な教育しか受けていないというのが私の考えだ。**

家庭でも学校でも不完全な人間しか育てていない。学級崩壊やいじめに見られるように、私は、学校の先生や親に子どもを教育する力はないと思っている。

だから、**新入社員の教育は会社がイチからやり直すくらいの気概で臨まなくてはならない。**

私は、新入社員が入社時点で中途半端な教育しか受けていないとしても、それが本人の責任であるとか、能力の問題だとは思わない。彼ら、彼女らは、まわりが教えてくれないから、親や先生が教えてくれないからそうなってしまっただけなのだ。きちんとした教育を受ければ、しっかりとした社会人に成長するだろう。

実際、学生時代に好き勝手をやってきた若者たちに、会社の細かい規則や、何時に来いとか、制服はこうだということを教えたら、彼らは素直に従うようになる。

会社というのは、あからさまにはできないが、クビにする権力をもっている。

組織というのは、それをうまく使いながら教育をし直していけばいいのだ。

今の新入社員は、それほど頭は悪くない。だから中途半端に育った部分を鍛え直し、どう社会になじませていくかはリーダー次第である。

新入社員が一人前の社会人になれば、チームの成績もあがるし、リーダー自身の幸せにもつながる。

だからこそ、リーダーは自分を幸せにするためにも、新入社員には、イチから教育をし直すつもりで、何度もぶつかっていくことが必要である。

新人教育で心がけるべきこと

新入社員は、中途半端な教育しか受けていない

向上心が低い　　挨拶ができない　　時間が守れない

新入社員が不完全な人間でも本人のせいではない

新入社員はリーダーがイチから教える覚悟をもて

新入社員をどう社会になじませていくかはリーダーの力量

人を動かすリーダーシップの心得

チーム力が格段にアップするコミュニケーション術

- いつも暇そうにしておいて部下が相談しやすい雰囲気をつくる
- 褒める・叱るについては部下の性格をよく見極める
- 叱ったあとは、フォローの言葉を入れる
- 部下が成果をあげたときは「1段難度の高いレベルの仕事」を与える
- 若い部下には野心をもつよう働きかける
- 部下を昇格させる準備は、1年前から始める
- 嫌いな部下・価値観の合わない部下も成績があがれば、きちんと評価する

- 異端児が違和感を表明したら、まず受け止める
- 同じことを何度注意しても改まらない部下は「評価は辛くなる」と通告する
- 部下との信頼関係が、うつ病予防になる
- 人間は何歳からでも変われる部下の可能性を信じる
- 自分の存在が部下に与える影響の大きさを自覚する
- 新入社員の教育はイチから始める気概で臨む

第4章

「これからのリーダー」が身につけておくべき習慣

01

井の中の蛙《かわず》になるな。社外の人と積極的につきあえ

40代前半に入会した社外勉強会で得られた貴重なこと

私は40代前半に、官民の若手課長が集まる社外勉強会に入会した。この勉強会のメンバーはとても仲が良く、その後も20年以上にわたって活動を続けている。当時はみんな課長クラスだったが、今では大企業の社長になった人や、国会議員に転身した人もいる。私にとっては社外に人脈を得る貴重な場となった。

ただし私は人脈作りのために、勉強会に参加していたわけではない。**自分とはまったく違う業界や組織で働いている人と話をするのが純粋に楽しかった**のである。人は読書を通じてでも自分の知らない世界を知ることはできるが、実際に面と向かって生の情報を聞けるのだから、これ以上の機会はなかった。

会社が違えば、仕事のやり方もまったく異なっていたりする。たとえば、私は東レで海外拠点を立ち上げる仕事に携わっていたことがあるが、勉強会のメンバーに聞いてみると、会社ごとに実にいろいろなやり方があることがわかった。

ある会社では日本方式をそのままもち込み、またある会社では現地のやり方を採用して別会社のような形で運営した。進出する地域の事業や業種、事業内容、現地におけるその会社の認知度など、さまざまな要素を考慮しながら、どういうやり方がいちばんいいのか、総合的に判断する必要があることを学んだ。

こんなふうに海外拠点の立ち上げひとつとっても、多様な視点から判断する必要があるという発想は、会社だけの生活を送っていたら身につけられなかったことだと思う。

会社の仕事だけに没頭しているといずれ頭打ちになる

私にとって社外勉強会は非常に充実した場だったが、当時、私以外の東レの社員で社外勉強会に関心を示す人はほとんどいなかった。勉強会に参加するとなると、会社をいつもより早く退社しなければならず、準備にも時間がとられる。社外勉強会に精を出したところで社内での評価には何もつながらない。そこで社外勉強会よりも、夜遅くまで会社に残って仕事をするほうを選ぶのである。

確かに単純に社内での出世のことだけを考えれば、社外勉強会は時間のムダだといえる。しかしたとえ出世をしたとしても、会社のなかしか知らなければ、64ページで述べたような「多様性を受容し、異端児を活用できるリーダー」になどなれるはずがない。同質性の高い組織のなかで、埋没してしまうことになるだろう。そうした井の中の蛙になっている上司が、これからの時代に求められるリーダー像かといえば、それは違うと思う。

若いときは会社の仕事に没頭する時期も必要だが、それだけではいずれ頭打ちになる。会社の外に積極的に出て、多様な人とつきあう機会を増やすことが大切なのだ。

リーダーになったら、社外勉強会に参加してみる

メリット

- 人脈が広がる
- 自分の知らない世界を知ることができる
- 社内の悩みについて多様な視点からアドバイスをもらえる

出世だけを考えると社外勉強は不要

多様な視点を身につけると

会社のなかの異端児を活用する力が身につく！

会社の外に出て、多様な人とつきあう機会を増やす

02

先を見据えた行動がすべてを制す

12時になってから昼食を食べているようでは遅い

たった10分の違いで、大きな差が出てしまうことがある。たとえば、昼食。

私は昼食をとるために、11時50分には会社を出るようにしている。正午前であれば、どこのお店もまだ空いている。だから注文をすればすぐに料理が出てきて、早く食事を終えることができる。そして食事を終えて席に戻るのは12時15分頃。私は昼休みをそこで終え、再び仕事に取りかかる。

これがもし12時になってから、昼食をとりに出たらどうなるだろう。全社員が一斉にオフィスから出てくるので、会社のエレベーターに乗るまでに時間がかかる。またお店も混んでいて、しばらくの間待たされることになる。そして食事を終えて会社に戻ったときには、既に13時少し前。

つまり、この行動のポイントは、たった10分オフィスを早く出るだけで、45分程度のスキマ時間が生まれるということだ。

一方で、ほとんどの会社の昼休みは12時からとなっているため、10分早く会社を出ることは厳密にはルール違反になるかもしれない。以前、東レでも、12時前に会社を出ている人がいるといって、全社的な注意が発信されたことがあった。たしかに、12時前に出て、13時までゆっくり休憩をしていたら、それは怒られて当然だと思う。

しかし、**あくまで会社のためという意識で早く出て、早く戻り仕事をするのであれば、時にはルール違反も許されていいのではないか**と私は思う。

中期事業計画も一歩先を見据えて作成する

話のレベルは大きく異なるが、私は中期事業計画を立てるときなども、一歩先の行動を心がけていた。

東レでは毎年1月末から3月までが予算編成の時期である。そこで私は中期事業計画を策定するときには、まず12月から1月にかけて大まかな方針を立てた。次に1月末から3月の予算編成期に、現場のメンバーに来年度予算を作ってもらうついでに、中期事業計画についての数字（売上高や利益、設備投資額）も作ってもらうことで効率化を図った。

そして事業計画案を詰めていき、6月には経営会議に上程するようにしていた。

このようにしていたわけは、6月末には株主総会があり、そこで担当役員が交代する可能性があるからだ。**もし新しい役員が「もう一度中期事業計画を見直したい」と言い始めたら、計画は振り出しに戻ってしまう。**だから6月までの上程が必須である。

もし予算編成や経営会議のタイミングを考慮に入れずに、この種の作業を始めると、ダラダラと何カ月も作業が続くことになりかねない。何事も先を見据えた行動がカギとなる。

何事も先を見据えた行動がカギ

昼休みの10分前に会社を出ると

①

エレベーターが空いていて
すぐに乗り降りができる

②

食事する店もまだ混み合ってないので料理がすぐに出る

③

余裕をもって席に戻り、
仕事を再開できる

わずか10分の差で大きな違いが生まれる

先んじて行動すれば、その後も主体的に活動することができる

03

デッドラインは実際の締め切りより早めに設定しておく

実際の締め切りよりも早めに設定しておくと不測の事態に対応できる

仕事に取り組むときには、デッドライン（締め切り）を設けることが大切だ。

デッドラインを設定すれば、私たちはそこから逆算して、それぞれの段階で何をするべきなのか計画を立てることができる。だから最短距離でゴールに到達できる。

逆にデッドラインを設けずに、成り行きで仕事をしていると、ムダな行動が増え、いつまで経ってもゴールに辿り着けないことになる。

チーム全体で行う仕事については、リーダーが業務別、課題別にデッドラインを設定し、その日までに仕上げるように部下を追い込んでいくことが求められる。また自分ひとりでする仕事については、自分で設けたデッドラインを必ず守るように自らを追い込まなくてはいけない。

ただしここで気をつけなくてはいけないのは、デッドラインは実際の締め切りより早めに設定するということだ。**少し大型の案件であれば、1週間程度は早めに設定しておいたほうがいいだろう。**

仕事では不測の事態がつきものだ。

たとえば担当を割り振っていた部下に急な出張が入ったり、病気になったりして、ある期間その仕事にかかわれなくなるといったことが起きる。すると企画書であれば、締め切りに間に合わせるために、本当は深く調べなくてはいけないことを適当に終えたりして、仕事の完成度が落ちてしまう。

私自身もそうした失敗を何度か繰り返し、上司から怒られたりするなかで、早めにデッドラインを設けることの大切さに気がついた。

本当の仕事は終わったところから始まる

デッドラインを早めに設定したほうがいい理由はもうひとつある。

それは「本当の仕事は、仕事が終わったところから始まる」ということだ。

たとえばチームのメンバーと一緒に事業計画書を作成したとする。完成させた時点では「もうこれでバッチリだ」と思っている。

ところが2、3日寝かしたあとに事業計画書を読み返してみると不備が見つかったり、より良いアイデアが浮かんだりする。

計画書の作成に没頭している最中は、自分たちが取り組んでいる仕事を俯瞰《ふかん》して眺めたり、多様な視点から検証するといったことは難しい。

だから思わぬ盲点に気づかぬまま仕事を進めてしまうことはよくある。また余裕があるときであれば思いつくアイデアを思いつかなかったりする。

そこで計画書の作成という作業を早めに終わらせたうえで、寝かせる時間を設けることが大切になる。

寝かせることもまた仕事の一部なのである。

デッドラインを早めに設定して効率よく仕事を進める

仕事に余裕をもたせるためのテクニック

仕事の締め切りに余裕をもたせる

- 大型の仕事の締め切り　→　１週間程度、早めに設定する
- 小型の仕事の締め切り　→　２日程度、早めに設定する

メリット

①担当者の不測の事態に対応できる

突然の病気

急な出張

②完成したものをじっくり検証し、修正ができる

2、3日寝かすと新しいアイデアが浮かぶこともある

作業を早めに終えて寝かせるのも仕事のうち

04

60点でOKの仕事に、90点をとるような働き方をしていないか

合格点をクリアできれば不要な仕事は思い切って捨てる

前項で私は、仕事のデッドラインは早めに設定するという話をした。

一方で仕事には、求められる完成度もある。60点をとれば合格という仕事もあれば、90点以上の点数を求められる仕事もある。

そこで仕事に取り組むときには、設定したデッドラインと求められる点数から、「これをやっておかないと、目的を達成することができない業務」を洗い出していく。そしてそのほかの業務については、思い切って捨てることが大切だ。

60点しか求められていないのに、90点をとることを目指して不要な業務に取り組む必要はない。そんな余裕があるならば、その時間とエネルギーを90点が求められている仕事に割り振るべきである。

チームに降りかかってくるたくさんのミッションに対応するためには、**「この仕事の合格点とデッドラインはどこか」**を意識**しながら、最低限のインプットと時間で、求められるレベルをクリアしていくことが大切**だ。

たとえば、前にも述べたが、私の経営会議の資料の作り方がもっともいい例である。多くの人は、30ページからなる資料を用意していたが、私はいつも5、6枚。それでNGとなったことは、一度もない。なぜなら、必要なことはきちんと押さえてあるからだ。１００点ではないかもしれないが、資料としてはそれで十分で、3倍速く作れるのであれば、このほうが仕事としては、いいに決まっている。

会議や打ち合わせも出なくてよいものがある

一般に役職が上になればなるほど、実務が減るぶん、会議や打ち合わせ、社内で回ってくる書類やレポートに目を通す時間が多くなるものだ。こうしたことについても精選することが可能だ。

会議については、仕事はさまざまな人たちと連携しながら進めていくことが多いので、欠席をするというのは確かに難しい面もある。

ただ同じ会議に、自分たちのチームのメンバーが2人も3人も出席しているというケースもある。この場合、**ひとりに出席してもらって、その人からあとで結果を聞けば、自分が会議に出なくても何の問題もない。**

そして**社内で回ってくる書類については、私の経験でいえば半分は読まなくてもいい**ものである。見出しだけさっと目を通し、必要と判断したものだけを読めば十分である。

もちろん得意先や上司が、会議に出ることや、書類を読むことを求めているのに、これを断るのは大変危険なことではある。だが、慎重に考えて可能だと判断したときは、思い切って実行すればいい。

求められるレベルを見極めてクリアしていく仕事をする

60点でいい仕事を90点とるようなやり方をしていないか

こんな分厚い資料
読めないよ

ポイントが
わかってるね

会議の場合も……

同じチームの人間が全員出てもムダ → 代表者だけ出席する → あとでリーダーに会議の内容を報告すればいい

慎重に考えて やらなくていいことは思い切ってやめる

05

いらない会議は即刻廃止せよ

資料は事前配布を義務づけ いきなり議論からスタートする

私は、会議は仕事を進めていくうえで不可欠なものだし、どんどんやるべきだと思っている。ただ会議がムダに開かれていたり、中身にもムダが多い場合は問題である。単なる連絡会や報告会にすぎない会議は、ほかの仕事のデッドラインを守るうえで邪魔な存在でしかない。リーダーであれば、会議をやる、やらないを決める権限があるわけだから、いらない会議はぜひ廃止すべきである。

また会議の内容も、1時間もあれば済むようなものを、その2倍ぐらいの時間をかけて行っているケースが多い。

私は議案の担当者に対して、**なるべく簡潔な会議の資料を、事前に配布することを義務づけている。**

そして出席者はあらかじめ資料を読んでいることを前提に、すぐに議論を開始する。

「この案件について私が考えている結論は○○です。この結論に対して意見のある方は述べてください」と出席者に発言を促し、意見があればそこで議論し、なければ私が出した結論が出席者にも承認されたと判断して、次の議案に移る。だからみんな急いで発言する。

私が開く会議は、1時間もあれば終了するものがほとんどだ。

会議は意識しなければ短くならない

会議というのは、短くしようと意識しなければ、絶対に短くならない。何となくやって、早く終わらせようくらいの意識では何も変わらない。

なぜなら、**人は自分が思っているよりも、ダラダラ話すことが好きだからである。**

しかも、この傾向は年齢を重ねるほど強くなる。

先日も、こんなことがあった。久しぶりに大学の同窓会があり、20人ほどが集まった。

私は、常々、友情には手入れが必要だと考えているので、こうした会では自然と幹事を期待されることが多い。

この会の冒頭で、全員が挨拶をしたのだが、4、5人が話し終えたところで、何と1時間もかかってしまったのだ。私は思わず、「いいかげんにしなさい。話が長すぎる。君たちは、本当にビジネスマンだったのか」と言ってしまった。

その後は、ひとり4分と決めて、話をしたが、それでもだいたいひとり1分くらいはオーバーしていた気がする。

少し話がそれてしまったかもしれないが、ここで申し上げたかったことは、意識しないと話も会議もどんどん長くなるということだ。

リーダーはこのことを肝に銘じて、会議の進行をハンドリングしていかなければならない。

必要な会議はどんどんやるべきだが……

連絡会程度の会議に2時間も費やすのはムダ

デッドラインのある仕事に支障をきたす

↓

会議は意識しないと短くならない

POINT①

資料は簡潔なものを用意する
あらかじめ全員が資料に目を通しておく

POINT②

会議が始まったらすぐに議論を始める

POINT③

「人はダラダラ話してしまうもの」と自覚して
終了時間を意識する

**会議のハンドリングをするのは
リーダーであることを自覚する**

06

2段上の上司に力を貸してもらえる話し方・報告の仕方

2段上の上司との会話は3分で終わらせる

課長は課のなかではチームリーダーだが、その課長にも部長や役員といった上司がいる。

リーダーとしてチームを円滑に運営していくためには、上司対策も重要である。

これは、直属の上司だけではなく2段上の上司に対しても行ったほうがいい。自分のプランについて直属の上司が反対しても、2段上の上司が賛成してくれれば実現できるからだ。

逆に直属の上司が賛成しても、2段上の上司が反対したらプランは実現できなくなる。

2段上の上司と話をするときには、短時間で終わらせることが肝心だ。彼らは「現場の若いリーダーと話をしてみたい」と思ってはいるものの、必要以上に時間をとられてしまうことを警戒している。

だから**2段上の上司と話すときには、席を勧めていただいても「いえ、3分で終わりますから」と言って、席には絶対に座らずに立ったままで話すようにする。**すると2段上の上司も気軽に自分に会ってくれるようになる。

こうして上司と信頼関係を築いておけば、普段の仕事がスムーズに進むだけではなく、壁にぶつかったときや迷ったときに、上司が良き道しるべにもなってくれる。

上司が思わず力を貸したくなる話し方

私は、こうしたことを徹底して行っていたため、「佐々木の話は必ず3分で終わる」「あいつは話が短いから会ってもいい」と言われて、アポイントを断られたことがなかった。

そのほかの場面でも、この短い時間で話すということを、私はいつも大事にしている。

たとえば、今、私は講演を依頼されることが多い。その講演も、必ず予定の5分前には終わるように話している。

5分前に終わると、スタッフも安心するし、お客さんもなんだか得をしたような気になってくれるので不思議である。これは、前の人の話が延びて、私の持ち時間が短くなったときも同じである。話す内容を調整して、当初の終了時間内でおさまるようにしている。

話をもとに戻すと、定期的な報告と相談を上司にできるようになると、仕事はスムーズに進むようになる。

自分がチームでやろうとしていることを上司が承認してくれたことになるからだ。

もし仮にそれが難航したときには、**「先日部長にも賛同いただいた件ですが、実は壁にぶつかっておりまして……」ともちかければ、部長も力を貸さざるを得なくなる。**

そうした意味でも、上司に報告と相談の時間をもらえるような話し方の技術を身につけることは、リーダーにとって必須だといえる。

上司が力を貸したくなる話し方の技術

直属の上司に退けられた提案を通すテクニック

直属の上司に提案を退けられた場合
2段上の上司に相談する

OK
NG
部長
課長
リーダー
（自分）

POINT 2段上の上司へは、できるだけ会話を短く済ませる

3分で終わりますので

あらかじめ所要時間を伝える

まあ
座りなさい
3分で
済みますので

着席すると話が長くなるので座らない

2段上の上司に報告・相談するときは3分ですませる

07

上司の悪口は表でも裏でも言う。部下からの悪口は聞き流す

上司の悪口は裏でも表でも言うようにする

「サラリーマンの楽しみは、酒を飲みながら上司の悪口を言うことだ」

という言葉がある。誰の言葉かというと、私の言葉である。

何かとストレスの多かった課長時代、同僚を呑み屋に誘い、こう広言してはくだを巻いていたものだ。

私は、悪口を言うのは人間の性《さが》だと考えている。言わないで済むのならそれに越したことはないが、欲望を抑えられないときもある。だからこれは仕方がないと思う。

ただし、たとえ呑み屋でも上司の悪口を言ったら、まわりまわって本人の耳に届くかもしれないことは覚悟しておくべきである。

もし普段は従順なそぶりをしているくせに、裏では悪口を言っていることを上司が知ったら、確実に心証は悪くなり、その人を敵にまわすことになる。組織における自分の立ち位置を危うくさせることだろう。

だから、**私はどうしても我慢できなくて上司の悪口を言ってしまったら、同じことを直接本人の前でも言うことにしていた。**

もちろん言い方には気をつけていた。「あなたは怒りっぽい人ですね」と言われれば誰でも怒り出すが、「あなたはときどき激しくなりますね」と言われればカチンときても怒りはしない。

こうして裏でも表でも同じことを言っていれば、上司は気分は良くないかもしれないが、少なくとも「あいつは本心では何を思っているかわからない」という不信感をもたれることはないはずだ。

部下の自分に対する悪口を聞き流してはいけないとき

一方、リーダーであるならば、部下が呑み屋で自分の悪口を言っているであろうことは覚悟すべきである。

呑み屋における上司の悪口は、酒のつまみのようなものである。本心では上司を尊敬し、愛情を抱いていたとしても、ちょっとした欠点をあげつらって上司の悪口を話すのは部下として楽しいものだ。だから部下からの自分に対する悪口が耳に入ってきたとしても、基本的には聞き流せばいい。

ただし「基本的には」といったのは、聞き流してはいけないときもあるからである。**部下からの自分への悪口が耳に入ったとき、私がいちばん気にしていたのは、彼の本心だった。**

愛情からくる悪口ではなく、本心から自分に対して不信感を抱いている様子であったら、なぜそのようなことになったのかよく考えてみる必要がある。信頼感を損なう言動を自分がしていないか振り返ってみるのだ。そしてその後の言動を改めていくことが大事だ。

とはいえ、基本的にはそれほど気にする必要はない。自分が部下だったときに上司に対してやっていたことを、今度は部下が自分に対してやっているだけのことなのだから。

サラリーマンの楽しみは酒の席で上司の悪口を言うことだが……

上司の悪口はまわりまわって本人の耳に入るので注意

↓

もし悪口を人に言ってしまったら、本人にも直接言う

部長は
ときどき
激しく
なりますね

部下からの悪口が耳に入ったら

○○君がキミのこと
××だと言ってたよ

本心の場合

なぜ不信感をもっているのかを考えてみる

愛情表現の場合

聞き流してもOK

部下の自分に対する悪口は必要以上に気にしない

08

良い習慣は才能を超える。リーダー力は努力次第で必ず身につく

「リーダーに向いていないかも」と思う前に実践してほしいこと

私は小学校、中学校とずっと学級委員長を務めてきたし、生徒会長も経験した。部活動ではメンバー全員の推薦でキャプテンにも選ばれた。だから自分でいうのも何だが、子どもの頃からリーダーとしての資質が備わっていたと思う。

ただし、会社のなかで優れたリーダーとして活躍している人を見ると、入社したときからきらりと光るものがあり、「この人にはきっと先天的にリーダーとしての資質が備わっていたのだろうな」と思える人がいる一方で、明らかに後天的な努力によってリーダーシップを身につけていった人もいる。

私は「良い習慣は才能を超える」と思っている。どんなにリーダーとしての資質を備えていたとしても、磨くことを怠《おこた》れば、ダイヤモンドのように光り輝いていた才能もやがては石に変わる。逆に、最初はとてもリーダーになるとは思えなかったような人でも、良い習慣を日々続けているうちに、次第にリーダーとしての能力が備わっていくようになる。

では「優れたリーダーになるための良い習慣とは何か」ということだが、私はそれをまさに本書で述べてきたつもりだ。

だからもし読者のみなさんのなかに、まだリーダーになったばかりで、「本当は自分はリーダーに向いていないんじゃないか」と悩んでいる方がいるとしたら、まだ結論を出すのは早いと思う。**まずは私が本書でここまで書いてきたことを愚直に実践してみてほしい。**

それでもやっぱり「自分はリーダーには向いていない」と思ったら、ほかの生き方を考えるという選択肢もある。たとえば企業の法務部門のようなところに所属して、スペシャリストとして自己の能力を発揮するという生き方もある。リーダーには向いていなかったとしても、別の生き方で自己成長や組織や社会への貢献を図る方法はいくらでもある。

焦らない、自信をなくさない……誰もが四苦八苦しながらリーダーの道を歩んでいる

ただし私はみんな多かれ少なかれ、**「自分は本当はリーダーに向いていないんじゃないか」と思いながら、リーダーの道を歩んでいくものだと思っている。**リーダーとしての自分に自信をなくしそうになったら、まわりを見渡してみてほしい。常に業績を伸ばし、部下から全幅の信頼を得ており、チームを力強くまとめあげているリーダーなんて、ほとんどいないはずだ。誰もが四苦八苦しながら、リーダーの仕事に向き合っている。

だから焦る必要もないし、自信をなくす必要もないと思う。会社のことや部下の幸せを本気になって考えながらリーダーの仕事に取り組んでいるうちに、いつの間にか気がつけば、まわりの人から「あの人は素晴らしいリーダーだ」と言われるようになっているものだ。

リーダーシップは後天的な努力によって養うことができる

リーダーの才能は、磨けば必ず開花する

入社した当初は
リーダーシップが
未熟だった人も
良い習慣を
身につけることで

**立派な
リーダーになる**

「良い習慣」を身につければ
どんな人も素晴らしいリーダーになれる

リーダーに向いてないなと思ったら

- どんなリーダーでも、四苦八苦しながらチームをまとめている
- 努力を続けていれば、いつの間にかまわりは認めてくれる

会社や部下の幸せを考えながら仕事をすれば、努力は必ず実る

第4章 まとめ

人を動かすリーダーシップの心得

『これからのリーダー』が身につけておくべき習慣

- 会社の外に出て
いろいろな人と積極的につきあう

- 先を見据えた行動がすべてを制す

- デッドラインは、実際の締め切りより早めに
設定する

- 「仕事の合格ラインはどこか」を意識して
ムダな仕事は捨てる

- いらない会議を見極めて即刻廃止する

- 2段上の上司ともコミュニケーションをとっ
ておく

- 上司の悪口は裏でも表でも言う
部下からの悪口は基本的に聞き流す

- 「リーダーシップは努力によって身につく」
と信じる

著者略歴

佐々木常夫（ささき　つねお）

1944年、秋田市生まれ。1969年東レ入社。自閉症の長男に続き、年子の次男、年子の長女が誕生。初めて課長に就任した1984年に、妻が肝臓病に罹患。その後、うつ病も併発し、計43回に及ぶ入退院を繰り返した。

すべての育児・家事・看病をこなすために、毎日18時に退社する必要に迫られる。家庭と仕事の両立を図るために、「最短距離」で「最大の成果」を生み出す仕事術を極めるとともに、部下をまとめあげるマネジメント力を磨き上げた。

そして、プラザ合意後の円高による業績悪化を急回復させる「再構築プラン」のほか、釣り具業界の流通構造改革、３年間で世界各国に12カ所、計約1000億円の設備投資を実行するグローバルオペレーションなど、数々の大事業を成功に導く。

2001年、同期トップ（事務系）で東レの取締役に就任。2003年より東レ経営研究所社長、2010年に同研究所特別顧問となる。この間、妻の３度に及ぶ自殺未遂など幾多の苦難を乗り越えてきた。社長に就任した頃から妻のうつ病は回復に向かい、現在は快癒。強い絆に結ばれた家族と幸せな生活を送っている。

内閣府の男女共同参画会議議員、大阪大学客員教授などの公職も歴任。「ワーク・ライフ・バランス」のシンボル的存在である。

著書に『ビッグツリー』『部下を定時に帰す「仕事術」』『そうか、君は課長になったのか。』『働く君に贈る25の言葉』『これからのリーダーに贈る17の言葉』（以上、ＷＡＶＥ出版）、『「本物の営業マン」の話をしよう』（ＰＨＰビジネス新書）がある。

装幀：印牧真和

イラスト：ケン・サイトー

［図解］
人を動かすリーダーに大切な40の習慣

2013年７月24日　第１版第１刷発行
2014年11月７日　第１版第６刷発行

著　　者　佐々木常夫
発 行 者　小林成彦
発 行 所　株式会社ＰＨＰ研究所
東京本部　〒102-8331　千代田区一番町21
エンターテインメント出版部　☎03-3239-6288（編集）
普及一部　☎03-3239-6233（販売）
京都本部　〒601-8411　京都市南区西九条北ノ内町11
PHP INTERFACE　http://www.php.co.jp/
制作協力
組　　版　株式会社ＰＨＰエディターズ・グループ
印 刷 所　大日本印刷株式会社
製 本 所　東京美術紙工協業組合

ISBN978-4-569-81300-4